U0676146

新手钓鱼
一看就会

做饵 · 选位 · 挑竿

蒋青海 编著

吉林科学技术出版社

图书在版编目（CIP）数据

新手钓鱼一看就会 / 蒋青海编著. -- 长春 ：吉林
科学技术出版社，2022.12
ISBN 978-7-5578-9104-6

Ⅰ. ①新… Ⅱ. ①蒋… Ⅲ. ①钓鱼(文娱活动)－基本
知识 Ⅳ. ①G897

中国版本图书馆CIP数据核字(2021)第265453号

新手钓鱼一看就会
XINSHOU DIAOYU YI KAN JIU HUI

编 著 蒋青海
出 版 人 宛 霞
责任编辑 张 超
助理编辑 周 禹
封面设计 长春美印图文设计有限公司
制 版 长春美印图文设计有限公司
幅面尺寸 167 mm×235 mm
开 本 16
印 张 13
字 数 220千字
印 数 1-4 000册
版 次 2022年12月第1版
印 次 2022年12月第1次印刷

出 版 吉林科学技术出版社
发 行 吉林科学技术出版社
地 址 长春市福祉大路5788号出版大厦A座
邮 编 130118
发行部电话/传真 0431-81629529 81629532 81629535
                  81629530 81629531
储运部电话 0431-86059116
编辑部电话 0431-81629517
印 刷 长春百花彩印有限公司

书 号 ISBN 978-7-5578-9104-6
定 价 49.90元

前 言

　　清代文学家纪晓岚曾有《钓鱼绝句》云："一篙一橹一孤舟，一个渔翁一钓钩。一拍一呼又一笑，一人独占一江秋。"生动地描绘了垂钓的情景和垂钓者怡然自得的情态。从古至今，垂钓都是颇能怡情养性的活动，深受人们欢迎。南宋诗人陆游在《闲中偶题》一诗中写道"花底清歌春载酒，江边明月夜投竿"，这是春季夜晚垂钓的画面；而"唐宋八大家"之一的柳宗元则用"孤舟蓑笠翁，独钓寒江雪"刻画了垂钓者冬季垂钓的画面。可见垂钓是对时间和季节要求并不严格的一项活动，垂钓者四季都可以尽享垂钓之乐。

　　对时间和季节没有太多要求，能近距离地接近大自然，远离城市的喧嚣，放松身心的同时又能让身体得到锻炼，垂钓活动的这些优点让越来越多的人成了垂钓爱好者。那么怎样选择钓具，怎样钓到鱼，怎样钓到多品种的鱼，成为众多垂钓爱好者不断探索的问题。要想有所钓获，除了掌握一定的气象、水文、鱼类习性等知识，还需要在垂钓实践中获得经验，例如，如何抛钩、何时起竿、怎样遛鱼等。可见，垂钓是一项对知识和技术要求颇高的休闲运动。

　　为了让更多的垂钓爱好者享受到垂钓的乐趣，编者特意邀请曾编著过多本垂钓著作、垂钓技艺精湛的蒋青海先生创作了这本《新手钓鱼一看就会》。书中详细地介绍了有关鱼的基础知识、钓具的选择、饵料的使用、钓鱼方法的选择，以及15种常见淡水鱼的钓法等内容，希望能为千百万垂钓爱好者指点迷津，更好地在垂钓中收获乐趣。

　　特别鸣谢：热心钓友小男为本书提供图片支持。

目录

第一章 钓鱼基本功：了解鱼

第二章

善其事，利其器
——钓具选择

第三章 **顺天时：钓鱼看天气**

第四章 **谓为其所吞食：常用诱饵和钓饵的制作与使用**

第五章 **夯实基础：常用的钓鱼方法**

第八章

事半功倍：钓鱼进阶技巧

第一章

钓鱼基本功：
了解鱼

"知己知彼，百战不殆"这句话，说的是做任何工作之前，必须对其有充分的了解，做起来才能得心应手，有良好的结果。对钓鱼者来说，应该先把所要钓的鱼的习性摸清楚，知道所要钓的这种鱼有什么生理特点，爱吃什么，其视觉、听觉灵敏程度如何，喜欢在什么环境中栖息等，才能有比较满意的收获。

口上位　　　　　口下位　　　　　口前位

鱼的基本结构

鱼的身体，由头部、尾部和躯干三大部分组成。鱼有鼻孔，但不能用来呼吸，只有嗅觉功能；鱼有眼睛，但视距短，看不远；鱼没有外耳，只有内耳，其内耳不仅能听声音，而且有平衡身体和感知大气压变化的作用。

眼

嘴

鳃盖

肛门

鱼的牙齿和胃

常见的鱼，一般都没有牙齿，却在咽喉部生有一对咽齿，但它没有咀嚼的功能，只有防止被吞下的小动物逃脱的功能。有些鱼有胃，也有些鱼没有胃。

鱼鳃

鱼头的内部都有鳃，鳃中红色丝状物在水中可以充分展开，通过其中的血管吸收水中的氧气，并把体内各部分产生的二氧化碳排放出体外，实际上相当于肺的呼吸功能。

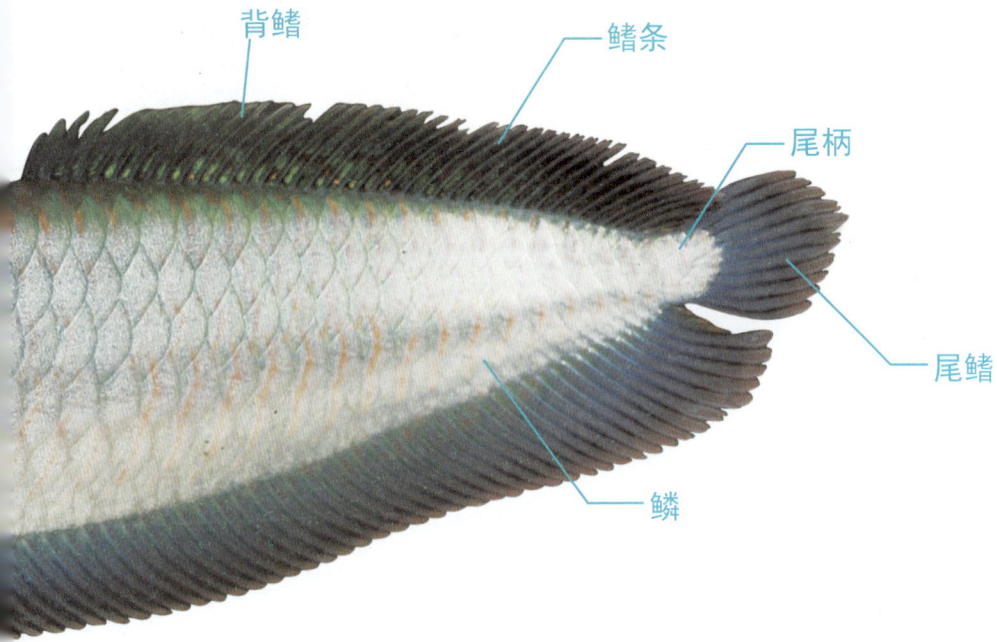

琴尾　　圆尾　　深叉尾　　月尾　　双尾

背鳍　　鳍条　　尾柄　　尾鳍　　鳞

鱼鳍

鱼没有四肢，全靠鳍来做运动器官，其胸部的一对胸鳍起着前肢的作用；腹侧有一对鳍，起到后肢的作用。除胸鳍和腹鳍外，还有背鳍、臀鳍和尾鳍，这些鳍在水中起着类似船桨的作用，决定鱼体的前进、后退、上浮、下沉活动。

鱼鳞

鱼体外表的鱼鳞，起着保护鱼体的作用。此外，大多数鱼的身体两侧各有一条侧线，专司感知水的流动、振动、声音和压力，这是鱼所特有的生理结构。

鱼的视觉

鱼是"近视眼"

由于鱼眼的晶体呈圆球形，缺乏弹性，所以视线较近。可是，绝不可因此低估鱼的视力，因为鱼通过鱼眼晶体后面的肌肉调节晶体和视网膜之间的距离，其视力是可以增强的。也就是说，鱼眼中的晶体，是由一小条能收缩的肌肉联系在视网膜之前的，如果鱼需要看比较远的物体，这条肌肉就会紧缩，把晶体拉近视网膜，这样，就可调整焦距，从而看到较远的物体了。

不过，这种调节焦距的速度，各种鱼是不同的。一般来说，肉食性的凶猛鱼种比草食性的温驯鱼种来得快。

草食性

肉食性

◆ 鱼的视觉功能和钓鱼的关系

钓鱼者了解鱼的视觉功能是很重要的，因为必须弄清楚在什么距离内才能使鱼看见钓饵，但又不能让鱼看清钓饵上面连着一根线，更不能让鱼看出钓饵的里面还有一个可怕的鱼钩，如果看清了，鱼就会逃之夭夭，再也不肯吞饵了。所以过分清澈的水，不利于垂钓；但是过于浑浊的水也不利于钓鱼，因为在这种水中鱼看不见钓饵，也就不能上钩了。

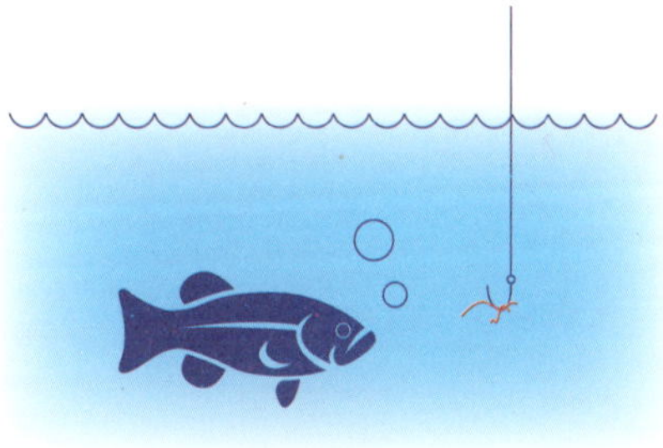

过分清澈的水

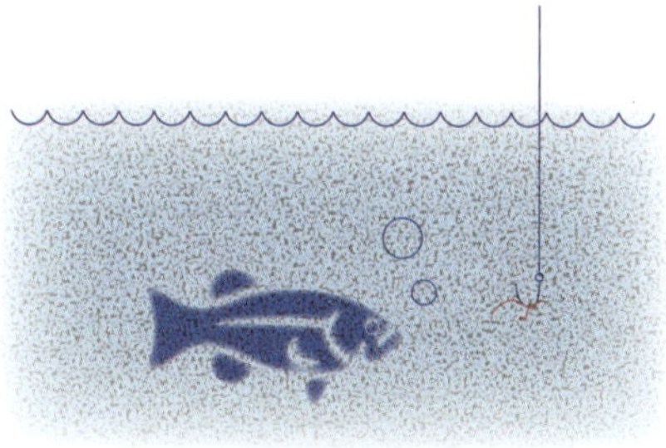

过分浑浊的水

黑鲷鱼

钓鱼经验谈

实验证明，有些鱼，特别是海鱼，可以快速调节晶体与视网膜的距离，因而可以看得很远。如黑鲷鱼，在水质正常时能看到10米以外的食物。但有些鱼，如鲑鱼只能看清30～40厘米内的物体。

◆ 鱼是曲射视力

上面说过，鱼虽是近视，却可通过调节晶体与视网膜距离而看得较远，其实鱼还有更重要的曲射视力。简单地说，在风平浪静时，水面就像一面镜子，光线射到水面时，会产生折射，可以使水下的鱼，看到岸上的各种物体以及自身下方的物体。在这样的情况下，垂钓者抛下的钓线会让水底的鱼觉得水面的"镜子"上出现一条裂痕，或"镜子"上映出一条阴影，从而警觉起来。所以，在风平浪静、天气晴朗的条件下，垂钓者要特别注意。

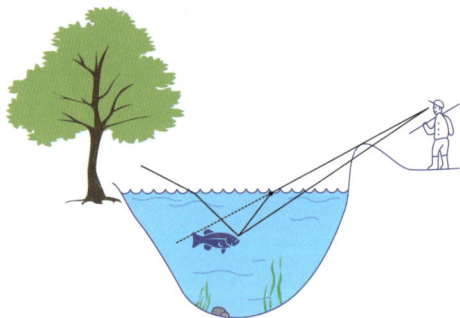

垂钓者在了解了鱼有曲射视力这一特点后，应注意以下五个方面。

1. 鱼的视野非常宽阔，它能看到藏在石块后面的人。钓鱼者不应穿黑色、黄色、蓝色等与周围环境颜色截然不同的衣服，也不要戴会反光的帽子。

2. 应尽量减少在岸边站立或行走的次数，应尽量采取低位身姿，切忌站立，坐姿尚可，伏卧最佳（美国钓鱼者常以匍匐的方式爬向溪边，以平卧姿势钓鱼）。

3. 钓线不宜过粗，线色应与水色相近。

4. 坠子最好用细长形的，体积应尽量小。

5. 下钩时，应将钓饵抛到距鱼群较远些的水中，然后缓缓地拉至鱼群附近。

🔶 鱼的色感

钓鱼者很关注钓饵的颜色，想要通过给钓饵加上一层对鱼较有吸引力的颜色，来吸引鱼吞饵上钩。

解剖学证明，大多数鱼是能够分辨颜色的，因为鱼眼中的圆柱细胞可以在较强的光照下起到视觉作用，并能分辨不同波长的颜色。但是鲨鱼不能，它只能分辨黑、白两种颜色，海洋深水层中的鲷鱼也不能分辨颜色。

鱼是生活在水中的，它在水中所观察到的物体颜色与物体的真实颜色是不同的。水对光来说起着滤色作用，当光线进入水中时，已有一部分被水吸收掉，剩下的光从物体表面通过水体反射到鱼的眼睛里，这时光的颜色又再一次被过滤，所以鱼所感受到的颜色已不是人在岸上所看到的颜色。

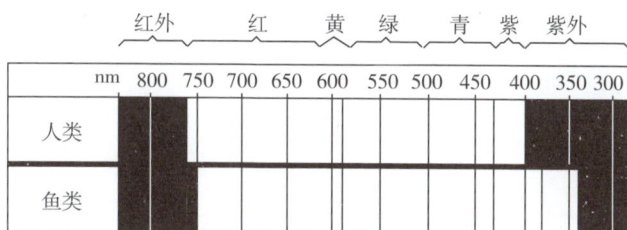

人与鱼类的平均可视波长

钓鱼经验谈

一般来说，鱼对于红色不太敏感，因为光线经过水体过滤之后，红色已不鲜明。但鱼对黄色、紫色、绿色和蓝色较为敏感。在黄昏时，最先在水体中消失的是红色，其次是橙色、黄色，最后是绿色和蓝色。当光线再弱时，鱼眼所感觉到的就只有黑、白两色了。夜间钓鱼时，虽然当时地面是黑暗一片，但天空仍是有些明亮的，如果选用灰色的钓饵，容易被鱼发现，如果能在钓钩的钩柄上涂一点夜光粉，也会有一定的效果。

◆ 鱼的运动视觉

　　鱼不仅有视觉，而且有运动视觉。运动视觉就是能感受到物体移动的视觉，这种运动视觉是鱼类视觉的一个重要特征，即使在深水层中或光线很差的环境里，只要在鱼周围产生微小的动静，也能引起鱼的注意，并产生两种信息反应：一是有食物，鱼会本能地游过去，吞食它；二是有危险的敌人，鱼会尽快地游走逃避。

　　鱼在水中对运动物体的视觉，还具有另一方面的特点：鱼在运动的过程中，能够不断地观察视野远处出现的较大的阴影、侧影或光点，从而迅速做出反应。鱼的视觉能力是随着光照水平的增加而增强的，其运动视觉能力也与光照成比例关系。此外，鱼类还有一种阴影反应的能力，即鱼类在运动中对同样也在运动的巨大的阴影会产生趋向性反应。如木排、船的阴影，常常是鱼的聚集之处。

钓鱼经验谈

　　钓鲫鱼时，用活蚯蚓最能引起鱼的注意，吸引它们前来吞食。在下钩后不见动静时，轻轻地移动一下鱼竿和钓钩，就能引起鱼的注意，并吸引它们前来吞食。

鱼的嗅觉

鱼的嗅觉比较灵敏。有很多鱼，距离很远就能嗅出它喜欢的饵料的味道。不仅如此，鱼还能嗅出来自水中的敌害的味道而及时逃避。所以，嗅觉对鱼类有着十分重要的作用。当然，不同种类的鱼嗅觉灵敏度并不相同。有些种类的鱼具有十分灵敏的嗅觉，比如鳗鱼，即使在很大的湖泊中滴入几滴酒精，嗅觉灵敏的鳗鱼都可以嗅得出来。鱼的嗅觉器官——鼻孔有两对，其下方是鼻囊，当鱼在水中生活时，水从前鼻孔进入鼻囊，从后鼻孔排出。

钓鱼经验谈

有经验的钓友都知道，用酸臭的饵钓鲢鱼和鳙鱼，比较容易引诱它们上钩，这就是利用了鱼的嗅觉的结果。

🔶 鱼的嗅觉和水流的关系

鱼的嗅觉和水流有密切的关系，水流对鱼类感受物体的气味有重要的影响，当水很快地通过鱼的鼻孔时，鱼就能嗅出水中的物质的味道。一些靠嗅觉去感知食物所在的鱼类，常常是借助水流快速进出鼻孔去感知的，想要猎食的鱼，大都逆流游水，因为只有这样，才能通过水流嗅出前方是否有食物可觅。

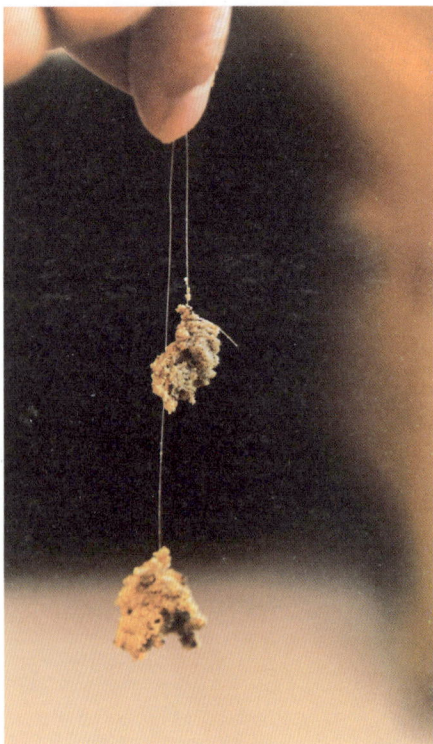

🔷 鱼的嗅觉作用

（一）感知不远处有食物，然后使用其视觉去寻觅食物的所在。

（二）若气味随着稳定的水流而来，鱼就会继续利用嗅觉去追踪气味的来源。

科学家经过实验获知，鱼的嗅觉与视觉有一定的互补作用。对钓鱼者来说，选用有一定香味且容易被鱼看到的钓饵是最理想的。这样远处的鱼既能闻到它的气味，又能看得见，这对于钓鱼者获得成功就更为有利了。

教你一招

夜间钓鱼要偏重钓饵的气味，白天钓鱼则要根据水的浑浊程度和所垂钓的鱼类喜好选择钓饵，既注重钓饵的气味，也注重钓饵的颜色。钓鱼行家有一句经验谈，叫作"水清重色，水浑重味"。

鱼的味觉

鱼的味觉器官有味蕾及自由末梢两种类型。但鱼的味蕾和人的味蕾生长的部位不同：人的味蕾只长在舌及腭的部位，而鱼的味蕾却生长在口、唇、咽喉、鳃部等处的表皮中，甚至在牙齿中间、口腔内外及触须上都有，有的还遍布全身，有些鱼的鳍上甚至也有味蕾。因此鱼类不像人或其他陆生动物，非得用舌直接接触某种物质才能辨出味道，鱼只要接近或接触食物，不用张口，就可以感受到食物的滋味。钓鱼者了解这点非常重要，因为大多数鱼只要用嘴稍接触一下钓饵或通过水流接触到由钓饵上散落下来的一点碎屑，就知道饵料是否可口。如果觉得不好吃，它就会掉头缓缓地游开。

根据观察，鱼吞饵一般都要经过这样四个步骤。

1. 食物的气味引起鱼的注意。

2. 鱼向气味来源的方向追寻。

3. 接近食物时，先用嘴唇或触须去碰触一下，试探食物的味道如何。

4. 如果觉得味道不好、不适合它的口味，就慢慢地掉头游离食物所在地；若认为可口，就将食物摄入口中。

　　鱼按味觉灵敏程度大体上可分为这样两类：一类是吃食很谨慎的鱼，它在食前谨慎而多疑，先尝后吃甚至反复尝试后才最后决定取舍，这类鱼当然是属于味觉灵敏的一类鱼；另一类是饥不择食，莽莽撞撞，见饵就吞的鱼，这类大多是缺乏味觉功能或味觉迟钝的鱼。钓鱼者想要钓前一类鱼，用饵要注重有香气和味道好的，而钓后一类的鱼，钓饵要特别注重外形和颜色。

鲫鱼吃食谨慎

黑鱼吞饵莽撞

钓鱼经验谈

　　钓鱼者都有这样的经验：有时鱼虽已把饵摄入口中，但过一会儿又会把它吐出来。如此一来，钓鱼者就失败了。有些鱼口比较小，腭部有较硬的骨，钩尖不能轻易钩住鱼嘴，如果钓鱼者提竿不及时，就会失去好机会，所以在钓这些味觉比较灵敏的鱼时，要善于抓住鱼类吞食钓饵的时机，当发现鱼已吞进钩时，就应立即提竿，让鱼钩刺入鱼嘴，不让它逃脱。

鱼的听觉

🔹 鱼有听觉

　　鱼有听觉，也有耳朵，不过鱼的耳朵不像高级动物那样露在外面，它没有耳膜和对外的开口，只有个内耳，耳内有听斑，不仅能听到声音，而且有耳石，可以调节身体平衡、感受气压的变化和声波的声动。在这方面，鲤鱼的听觉比其他鱼更灵敏。鱼在水体中能感知不同频率的声波，并能及时识别声源的方向和位置，从而分辨出是否有危险，是否有食物的信息。鱼的听觉灵敏度极高，在能见度很差的情况下，如水质浑浊或黑暗的夜间，听觉最能发挥作用。它的听觉频率范围比人要大得多，当一群飞鸟从几十米的高空掠过，或从百米以外传来敌害的声波信息时，鱼能够立即采取应急的措施和对策，或潜入水底，或远远逃遁。

◆ 鱼对声音的反应与下竿技巧

钓鱼者应该了解，当鱼钩落水发出声音时，可能产生两种结果：一种是这种声音使鱼受到惊吓，导致它立刻逃走；另一种结果是，这种声音对鱼产生诱惑力，而引起鱼前来觅食、上钩。但要掌握的是，所发出的声音不可太响，否则就会把鱼吓跑，必须学会让钓钩落水时能发出大小适度的声音的技巧，使鱼不但不会受到惊吓，反而产生好奇并前来吞饵。

常常有这样的情况：一只昆虫掉落在水中，因翅膀湿了飞不起来而在水面上挣扎，而这种挣扎所发出的声音，对于溪流、池塘中的淡水鱼有着较大的吸引力，很能引诱鱼来觅食；相反，如果一件物体，比如钓钩落水时发出过响的声音，就会使鱼受到惊吓而逃避得远远的。

教你一招

有些缺少经验的钓鱼者，当发现池塘或溪流中有成群的鱼在跳跃戏游时，往往喜出望外，急急忙忙地就把钓钩甩向那鱼儿成群的水域，结果，把鱼吓得四散奔逃，不仅无鱼上钩，甚至隔了很长时间也没有鱼再到这个水域来了。

有经验的钓鱼者都懂得，放钓饵和坠子时，应当尽量避免力量过大和过急投入水中，他们懂得投入钓钩时要控钩，即在投甩后，当钩、坠子即将落到水面时，及时地轻轻向上提一下钓竿，让钩和坠子尽可能缓慢地落下，避免产生较大的声音。而且，落下的声音如大小适当，还可以吸引鱼儿向发出声音处靠近，达到诱鱼吞饵上钩的目的。还有一种常用的方法是，在向钓点抛钩时，把钓饵抛在离窝点稍远一些的地方，等到钓饵入水后，再顺势缓缓地将钓钩拖到钓点的位置上。

鱼的触觉

🔶 鱼有触觉

鱼类有触觉功能，鱼的侧线和触须就是触觉器官。鱼的侧线是动物界中其他动物所不具有的。侧线在鱼体的两侧，各由一串小黑点连接而成，是贯通头尾的一条"虚线"。这些小黑点其实是由各鳞片中央的小孔构成的。这些小孔在皮下有横沟相通，里面分布着神经末梢，成为鱼的另一种重要的感觉器官。它的主要功能是感受水下的低频振动声波。当鱼要测出声源的正确位置时，除依靠其听觉外，还需要侧线辅助，以弥补视觉和听觉的不足。

人们对生活在深水中的鱼类会产生一种疑问：在黑暗的深水中，鱼是靠什么才能在水下自由游弋而不碰撞到其他物体的呢？鱼又是怎样辨别方向，怎样觅取食物的呢？其实，靠的就是侧线的触觉作用。

🔶 鱼的触觉极为灵敏

鱼的触觉细胞是和鱼侧线上的网状细沟相连接的，这一结构对低频率振动极为敏感。当人们将钓饵和坠子投入水中时，便立刻形成水的压力波，这种压力波推动附近的水，造成连锁反应，形成一圈圈向外扩散的水波纹。当波纹接触到鱼的侧线时，鱼就能感知到有物体投入水中，并能感知它的方位和距离。

由此可知，鱼借助它的内耳和侧线，可以感受到水中的哪怕是很细微的动静。但是，池塘或溪流边钓鱼者的谈话声如果比较轻，不超过20分贝，则对鱼不会产生影响，因为水面会把绝大部分的声音反射回空中。不过，如果喊叫或大声说话，鱼就能够"听见"，从而警觉甚至逃避，对钓鱼产生不利影响。

鱼的食性

滤食性鱼类

滤食性鱼类以吃浮游生物为生，它们的主要滤食器官为鳃耙。随着它们嘴的张闭和吸吮，食物即和水一同进入口腔，通过鳃耙等滤食器官的运动，把水排出，把食物聚集在一起驱入咽底，与此同时，新鲜的氧气通过鳃丝的毛细血管进入血液。

鳙鱼

滤食性鱼类喜欢吃的浮游生物种类很多，常见的有枝角类、桡足类、轮虫以及无节动物的幼体；还包括许多浮游植物，主要是水生植物中的藻类，如绿藻、黄藻、平藻、硅藻、裸藻、黑藻等。此外，这类鱼还主动摄食菌团等，在人工饲养环境下，也吃人工饵料，而且还特别喜欢吃经过发酵后带有酸臭和酸甜味道的食物。滤食性鱼类中最具代表性的有鲢鱼、鳙鱼和近年已很少见的鲥鱼等。

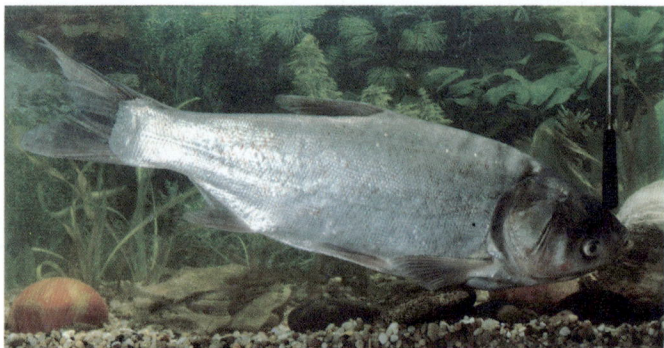

鲢鱼

16

🔶 草食性鱼类

草食性鱼类以草鱼、鳊鱼为代表。尤其是草鱼，正是由于专食水草类食物而得名。草鱼对微酸性食物较敏感，在自然环境中以浮萍、轮叶黑藻、苦草、小茨藻等野生水草为食；人工饲养条件下爱吃带有微酸味的发酵饲料。草

草鱼

食性鱼类特别爱吃带有酸甜味的瓜果，诸如桑葚、菠萝等，有时也吃韭菜等带有特殊气味的食物。

🔶 杂食性鱼类

杂食性鱼类的食物范围很广，这类鱼动物性食物和植物性食物都摄食，如甲壳类小动物、昆虫的幼虫、蠕虫、贝类等小生物，以及米饭屑，面包屑，粟类、豆类

鲤鱼

食物的碎屑，植物的残屑等，它们都来者不拒。不过，在不同的季节，它们还是会以吃不同食物为主。在食物丰富的季节，对一些并不喜爱的食物，它们就很少摄食。常见的杂食性鱼有鲫鱼、鲤鱼、罗非鱼等。

🔶 肉食性鱼类

这类鱼一般属于生性比较凶猛的鱼类，以捕捉其他鱼类为食，甚至会捕杀比自身体积更大的动物作为食物，所以它们一般有尖利的牙齿、强健的体质和快速游动的本领。根据肉食性鱼类的摄食特点，可将其分为以下四类：一是以小鱼、小虾为主要食物的，如乌鳢、鲶鱼、鳜鱼、

鳜鱼

鳡鱼等；二是生长在水体底层或中下层的，以螺、蚬、蚌等软体动物为主要食物的鱼类，如青鱼等；三是以虾、水生昆虫为主要食物的，如黄鳝等；四是以肉食性为主的杂食性鱼类，如加州鲈鱼、虹鳟鱼等。

鱼的摄食方式

鱼类的食性不一样，吃的东西不一样，摄食的方式也就不一样，了解鱼类的摄食方式，对正确选用钓饵是很重要的。

◆ 吸入式摄食方式

鱼类的摄食方式和陆地上生活的各种动物都不相同，这是生活环境不同而产生的差异。鱼类的摄食方式有多种，但以吸入式和啮碎式两种方式为主。

用吸入式方式摄食的鱼类一般比较平和温顺，而且以杂食性鱼类居多。它们一般借助于呼吸运动来摄食浮游于水面的饵料，即把嘴张开，将水流和饵料一齐吞入口中，然后让水由鳃盖下面流出，而把饵料滤留摄食。像鲤鱼、鲫鱼等鱼类就是用这种方式摄食的。钓鱼爱好者了解这一点是很重要的，因为如果你想要钓这类鱼，最好把钓线上的坠子固定得与鱼钩稍有距离，不要让装了饵的带铅坠的鱼钩沉于水中太深，否则，就不容易引诱这类鱼上钩。

吸入式摄食方式

◆ 啮碎式摄食方式

用啮碎式方式摄食的鱼类一般是性情比较凶猛的肉食性鱼类，具有攻击性，游动能力强，速度快，体力充沛，牙齿锋利而发达，动作灵敏，具有较强的杀伤力。

它们不仅捕食水中的小动物，而且还捕食较小型的鱼类，甚至捕食螺蛳、小蟹类，连它们坚硬的外壳一并咬嚼后吞入腹中。这类鱼常常在发现前方有摄食的对象时，即以极快的速度冲上去，一口就把对方咬死或咬伤，然后从容地吞而食之。这类鱼在海洋中有鲨鱼、狗鱼、哲罗鱼、带鱼等，淡水中有马鲛鱼、鲶鱼、乌鳢等。

啃碎式摄食方式

🐟 鱼类觅食有哪些特点

关于鱼类的觅食，有一个很少被人了解的秘密，那就是鱼类在觅食时，非常珍惜体力，它不会轻易地为了一点儿营养价值不高的食物而去消耗体力。因为觅食时的游动，对鱼的体力是巨大的消耗。鱼类在觅食中所耗费的能量，必须从获取的食物中加以补充，所以它从食物中获得的能量，必须超出游动时所耗费的能量，否则，它就会因体力逐渐衰竭而死亡，或是被其他生物吞食。

下钩处离鱼要近

在没有了解这个秘密以前，我们总以为鱼类是整天不休息地游来游去觅食的。对于钓鱼者来说，了解这一点十分重要，这就要求下钩处不能离鱼群太远，否则，它们不会愿意游动较远的距离来吞钩。钓鱼者要避免一种错误的认识：下钩处离鱼远一些没有关系，只要鱼儿见了鱼饵，它就会从较远的地方游过来的。

鱼和水温的关系

许多生物学家都认为，温度是影响鱼类活动最重要的因素，水温的变化对鱼类的各种生理活动会产生非常强烈的影响。在初春和深秋季节，水温还较低时，鱼的活动范围不大，摄食量一般；一旦气温上升到10～15℃时，鱼类的摄食量就会增加，活动的范围也会扩大。反过来说，如果气温骤然下降达到5℃左右时（水温是随着气温的变化而变化的，通常气温和水温的差距不超过0.5℃），鱼类的食欲就会明显下降，活动量也大大减少。

在淡水鱼中，常见的鱼种是鲫鱼、草鱼、鲤鱼、青鱼、鳊鱼、鲂鱼等几种，这些鱼最适宜的水温在25℃左右；在19～29℃它们较为活跃，食欲也最为旺盛；在水温降至8℃以下或上升至32℃以上时，它们的食欲就大大下降，甚至停止摄食。钓鱼者了解鱼在什么温度之下食欲最为旺盛是很重要的，这样就可以在鱼儿食欲最旺盛的时候进行垂钓了。

🐟 冷水性鱼类

根据各种鱼的适温能力，通常将鱼类分为冷水性鱼类、温水性鱼类和热带性鱼类三种。冷水性鱼类喜在温度低的环境中生活，无论生殖和栖息都要求较低的水温，它们在0～18℃的范围内都能正常生活，在入春以后冰雪刚融化的3～4月份和冬季出现冰冻前的10月份，水温都会让它们感到称心如意，游动活跃，食欲正常。生活在中国新疆北部和黑龙江流域的狗鱼、细鳞鱼、哲罗鱼、冷水鱼、江鳕鱼等，都属于冷水性鱼类。其中哲罗鱼还特别不畏寒冷，它们不但能沉入冰水层中，还喜欢在冰层下面活动觅食。

温水性鱼类

在淡水鱼和海水鱼中，有很多品种在水温较高或较低的情况下都能适应，也就是说，在水温低至5℃或高至28℃时，它们都能生活，不会受到太大的影响，这种对水温适应性很强的鱼类，即为温水性鱼类。这类鱼相当多，在淡水鱼中，最常见的草鱼、鲤鱼、鲫鱼、鳊鱼等都属于这个类型；在海水鱼中，大黄鱼、小黄鱼、真鲷、黑鲷、银昌鱼、带鱼等，都属于这个类型。

草鱼

热带性鱼类

热带性鱼类的原产地在热带，所以它们从小就习惯于在水温较高的条件下生活，一旦遇到较冷的水温，这类鱼就不适应。它们只适应在水温20~30℃的范围内生活，若水温降至15℃时，它们便停止活动，而且没有了食欲；若水温继续下降至10℃时，它们就可能被冻死。

银龙鱼

鱼类在水中的分布

按鱼栖息、游动、觅食的不同水域深度，大体可把鱼分为下层鱼、中下层鱼和上层鱼三种。鱼类生活的水域层次并不是一成不变的。随着季节的变化、天气的改变以及水情变化等，鱼类的游动、觅食和栖息的水域层次，也会发生不同程度的改变。如鲫鱼、鲤鱼属底层鱼，平时都是在水的底层活动，但在天气闷热或是连续阴天等情况下，由于气压低，水中溶氧量不足，鱼儿难以忍受，便会纷纷从水底游向中上层或水面来；又如鳊鱼，春、夏季多在水体中上层活动，深秋以后，则转入水体中下层活动；再如鲇鱼，平时总是栖息于深水底层或洞穴之中，但在涨水之时便纷纷游向浅水域寻找食物。

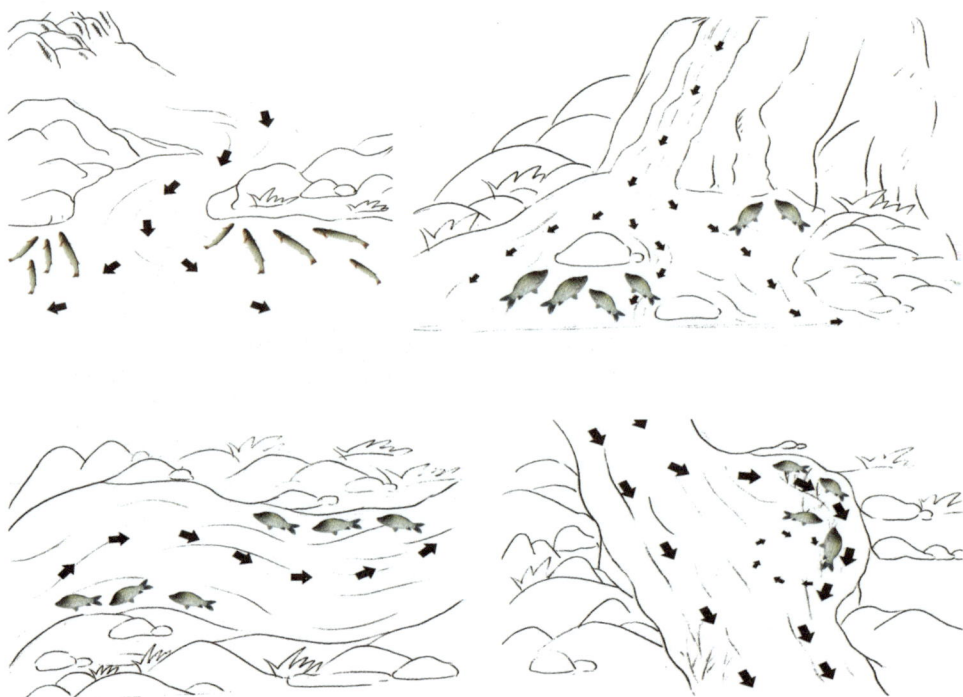

鱼儿活动规律及分布图

　　就淡水鱼来说，一般生活在中上层的鱼类有鲢鱼、鳙鱼、白条鱼、翘嘴红鲌、鳡鱼等，它们的视觉强于其他鱼类；属于中下层鱼的主要有草鱼、青鱼、鳊鱼、黑鱼、鲂鱼等，它们的视觉、听觉都很灵敏；鲤鱼、鲫鱼、乌鳢、鲶鱼、罗非鱼、鳜鱼、黄鳝等，生活在水域底层，它们的触觉要比中上层鱼更敏感。

常见淡水鱼的生活水域层次与食性

种类	水域层次	食性
鲤鱼	下层	杂食性
鲫鱼	下层	杂食性
草鱼	中下层	草食性
青鱼	中下层	草食性
鲢鱼	中上层	滤食性
白条鱼	上层	杂食性
鲶鱼	下层	肉食性
罗非鱼	下层	杂食性
黑鱼	下层	肉食性
鳊鱼	中层	草食性
鳜鱼	下层	肉食性

鱼类生活与水中溶氧量的关系

鱼与水中的溶氧量的关系

　　鱼是依靠鳃来呼吸的，当水与鳃接触时，水中的氧就有一部分被鳃吸收进鱼的身体，鱼就是靠这样的方式吸收溶解于水中的氧来维持生命的。水中溶解的氧是很少的，空气中氧气的含量约为18％，而水中所含的氧一般只有百万分之六。如果水中的溶氧量低于正常含量，鱼就会很不舒服，出现神经麻痹、身体失去平衡的现象，再加重一些就会死亡。因此，当夏天天气闷热时，在地势较低的小鱼塘里就会看到不少鱼把头浮出水面来呼吸，这种现象俗称"浮头"。出现这种现象，说明这个塘里的溶氧量不够，鱼儿只好把头浮上水面来吸取空气中的氧以维持生命。

水中溶氧量变化的外部条件

　　首先，水温的高低变化可使水中的溶氧量发生变化。水温高，溶氧量就低；反之，水温低，溶氧量就高。正是这个原因，鱼儿浮头的现象一般都发生在夏天。而且，水温高时，鱼类的耗氧量就增大，若水温提高5℃，则鱼在水中的耗氧量将增加3～4倍。其次，水中含盐分的多少也和溶氧量的高低有关系。含盐分低的水中，溶氧量较高；反之，含盐分高的水中，溶氧量就低。了解了这些知识，钓鱼者就可以避免到那些缺氧的水域中去垂钓，因为缺氧的水域中，鱼儿没有食欲，不会觅食。在闷热的夏天，钓了半天甚至一天也一无所获就是这个原因。

教你一招

　　水中水草之类的水生植物生长状况以及水的流动情况，也和水中的溶氧量有关系。若水中生长有水草等水生植物，则水的溶氧量就比较高；没有水生植物的水域，其溶氧量就较低。池塘中的水，如果附近有活水不断流入，哪怕量很小，也会使水中的溶氧量提高；池水若有些轻微流动，则水中的溶氧量也比死水的池塘高。

第二章

善其事，利其器
——钓具选择

　　"工欲善其事，必先利其器"，这句话是说要做好一件事，准备工作非常重要。钓鱼者想要有所收获，首先要有合适的工具。用什么钓竿，用什么样的钓线，选什么样的鱼漂、铅坠，要根据所钓的鱼进行选择，这是钓到鱼的前提。

钓 竿

钓竿是重要的垂钓用具。其重量、长度、弹性、韧性和强度，直接关系到垂钓者技能的发挥和垂钓的成果。钓竿可自制或到市场上购买，现在市场上有各种材质和型号的钓竿，品种很多，可供垂钓爱好者随意挑选。

底把

🔶 钓竿的种类

🔸 按结构形式分

独竿。一般选用3年以上挺直、节密、根粗、尖细的鼠尾竹制作，也可采用3年以上的罗汉竹、石竹等制作。因为这种钓竿是一竿到底，没有接头，所以强度高、弹性好、灵敏度高，鱼儿上钩后，其细微的动作就能马上传递到垂钓者手中，提竿时鱼儿不容易脱钩；但它的缺点是竿长，携带不方便。

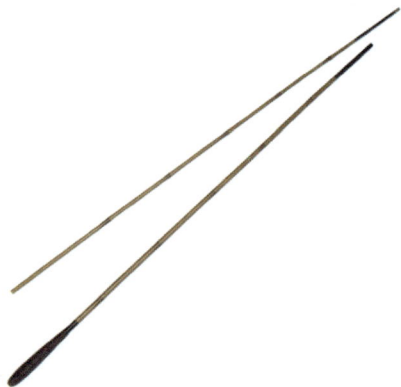

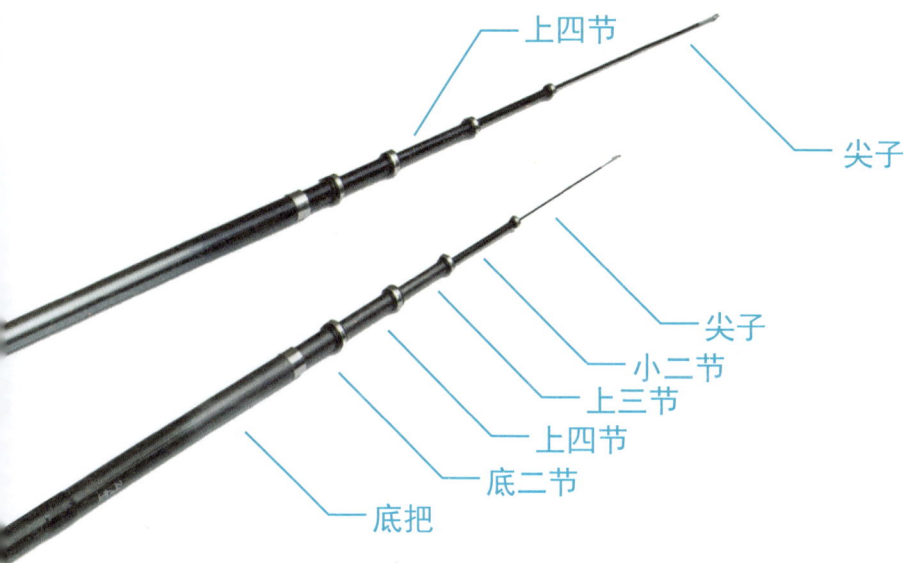

钓竿各部分名称

　　多节钓竿的最顶尖一节称"尖子"，也称"梢子""苗子"。和尖子相接的一节称"小二节"，它是整个钓竿的"生命节"，是最为重要的一节，要求韧性好、强度高。如果是六节竿，其他各节依次称为"上三节""上四节""底二节"，最后一节称"底把"。

　　多节竿。顾名思义，由多节竿子相接而组成的一副钓竿。因其长度可调节，携带起来方便，深受广大垂钓者的喜爱，是目前使用最广泛的一种钓竿。多节竿按其材质，有竹子竿、芦苇竿、玻璃钢竿和碳素纤维竿等。

碳素纤维竿　　　　　　玻璃钢竿

多节竿的节数，在2~20节之间，分插接式和抽出式两种。插接式钓竿安装时，是由细到粗一节节相插组合起来的；抽出式钓竿，也称振出式钓竿，大多采用玻璃钢和碳素纤维制作而成，使用时从竿尖一节节拉出，收竿时从底把一节节退入。

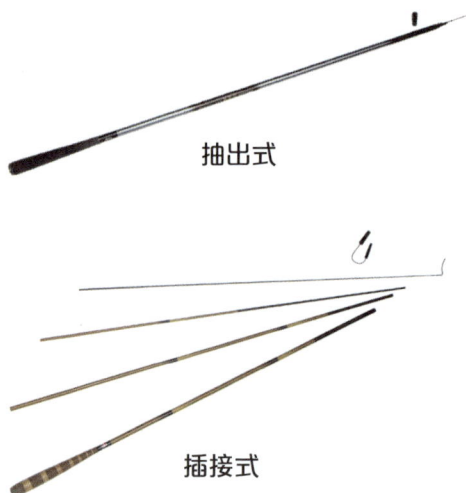

抽出式

插接式

玻璃钢竿。竿体有空心和实心两种。空心竿分量轻，携带方便，但经不起碰撞；实心竿较坚固，全竿性能好，但分量较重，携带不太方便。

🟠 按用途分

手竿。主要是指不装绕线轮的钓竿，多用于溪、河、塘、小型水库等淡水水域。这种钓竿配用的钓线长度一般与钓竿等长，或略短于钓竿。

海竿。又称投竿、抛竿或轮竿。海竿比手竿要短一些，一般为1.5~2.5米，也有稍长一些的，多为两节。每节竿上装有1~2个瓷眼，鱼线从瓷眼穿过，固定在绕线轮上。垂钓时可将钓钩抛出很远，以钓取大鱼。海竿既可用于海水钓，也可用于淡水钓。

两用竿。也称手海两用竿，它综合了手竿和海竿的特点。竿柄处安装有绕线轮，每节竿上安有金属或陶瓷的导线眼。这种竿既具有手竿的灵活性，又具备远投和收线放线的功能。当钓上大鱼时，可通过放线起到缓冲鱼挣扎用力的作用，以免发生断线或逃鱼的情况。两用竿一般较长，有4.5米、5.1米、5.3米、5.4米、6.1米、6.3米和7.1米等多种。

● 按竿梢的软硬程度分

软梢竿。 指软梢占竿长4/10的钓竿，也称"四六竿"。竿体弹性好，灵敏度强，鱼上钩后，手感好，可增加垂钓者的乐趣，鱼儿也不易脱钩，但不适合钓大鱼，也不适宜在水草茂密处垂钓。

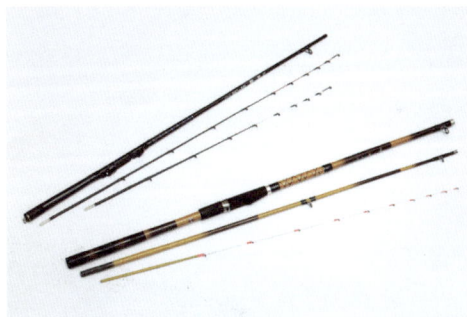

中硬竿。 指软梢占竿长3/10的钓竿，也称"三七竿"。竿体软硬适度，强度亦好，是一种兼用型钓竿，适宜在有水草处垂钓。

硬竿。 指软梢占竿长2/10的钓竿，也称"二八竿"。竿体强度大，弹性较前两种钓竿差，钓到鱼时仅竿尖弯曲，抖竿时易于将钓钩钩牢鱼唇，适于钓大鱼。

◆ 挑选钓竿应注意的细节

应根据垂钓的水域、鱼种和方法选择钓竿。根据垂钓水域和环境不同，垂钓可分为淡水钓和海水钓两大类。淡水钓是指在溪流、湖塘、水库、河川中进行垂钓；海水钓则包括堤坝钓、滩钓、岩礁钓和舟钓等。

湖塘钓

滩钓

按所钓的鱼种来分，钓竿的种类就很多了，就主要的鱼种来说，钓鲤鱼的有鲤鱼竿，钓鲫鱼的有鲫鱼竿等。

鲤鱼竿

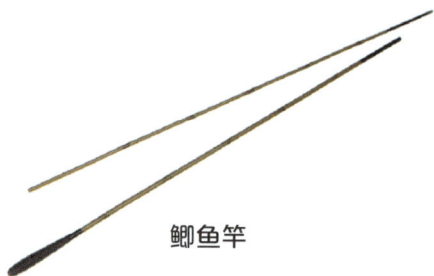

鲫鱼竿

虽然各种专用竿具有一定的专用性，但也不排除在使用上有相对的通用性。所以在选用钓竿时不必太拘谨，关键是要注重钓竿的质量，挑选时一定要注意以下几方面：

（1）竿体。竿体要笔直、光滑、匀称。竹制钓竿不应有虫眼、裂纹和烤焦的痕迹。接口处的缠线要均匀、牢固。玻璃钢、碳素纤维竿竿体不能有裂纹和损伤。玻璃钢竿竿壁厚度为0.7毫米左右，碳素纤维竿则为0.4毫米左右。竿体过厚弹性差；过薄，接口处易变形、断裂。

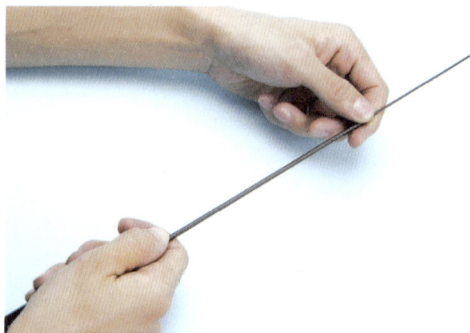

（2）插接。钓竿各节的插接深度各不相同，原则上不应过浅也不宜过深，前端的可浅一些，后面的宜深一些。检查玻璃钢、碳素纤维竿时，应先将底把的后盖旋下，将各节竿倒出仔细察看；再将每节竿插进、拔出试一试。竿插进后，应严丝合缝；拔出时应不感太吃力，能发出"嘭"声者为好。全竿插好后，查看竿体是否挺直，轻轻抖一下，看一看竿体上下摆幅是否相同，摆幅相同者为好。

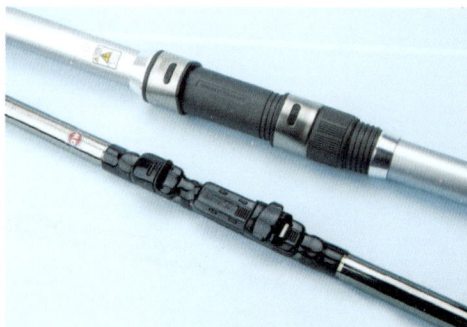

（3）受力。将各节竿相插连接为一体后，在竿尖顶端系上长约2米的钓线，再系上一个250克左右的重物，慢慢将竿提起，使重物离地0.5米左右，如果竿体弯曲自然，没有死弯，说明竿体受力均匀、弹性好。此时再用钓竿举着重物缓缓旋转180°，若整个竿体受力均匀、没有异变，则说明钓竿性能良好。

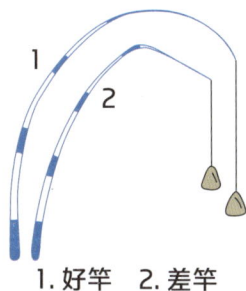

1. 好竿　2. 差竿

教你一招：挑选钓竿的要领

1. 要具备防水性和坚固性。钓竿难免要接触水，要求短时间遇水不膨胀、不变形。

2. 竿要直、重量轻。垂钓时间一般都比较长，常常要半天甚至一整天时间，钓竿轻，垂钓不累人；竿直，垂钓时容易掌握平衡，便于操作和观察，携带也比较方便。

装竿与拔竿

　　垂钓使用鱼竿时，总免不了要装竿与拔竿。装竿一般从尖子开始，先将尖子插入小二节，再依次一节一节相插，直到底把为止。注意各节之间的插头与插口一定要插到位，否则在钓到大鱼或提竿过猛时，容易导致接头处折断或插口破裂。另外，不可从底把开始向尖子方向安装，这样安装容易将尖子折断或使插口损坏。拔竿时的顺序与装竿时相反，一定要从底把开始拔竿，一节一节拔下，用力要均衡，以免损伤插口。

拔竿用力平衡示意图

◆ 应怎样保养钓竿

钓竿使用寿命的长短，与平时的使用和保养有着密切的关系。使用抽拉式钓竿时，应将钓竿大头稍微朝上倾斜，让竿梢滑出，抓住第一节后，再将钓竿大头向下，一节一节地顺序将钓竿向外拉出，接头处应拉紧，但也不能过紧，以免收竿困难。

垂钓时，不要让竿梢浸泡在水中，以免钓竿表面涂料吸水膨胀，造成起泡脱落。鱼上钩，特别是大鱼上钩时，不要用猛力提竿，要充分利用遛鱼方法，以免竿体折断。钓竿用过后，应及时用布将每一节竿体擦干净，并在每节竿的接口部分涂一层薄蜡。竹制、芦苇制的钓竿长期不用时，可用核桃油等植物油擦拭内壁后，再放入布套内保存，应垂直或平放在阴凉干燥处，上面不可压重物。

玻璃钢及碳素纤维竿用后，应逐节洗净、擦干，不宜放在太阳光下暴晒，也不宜存放在火炉及暖气旁。如长期不用，在竿体上涂上一层植物油，保养效果更好。

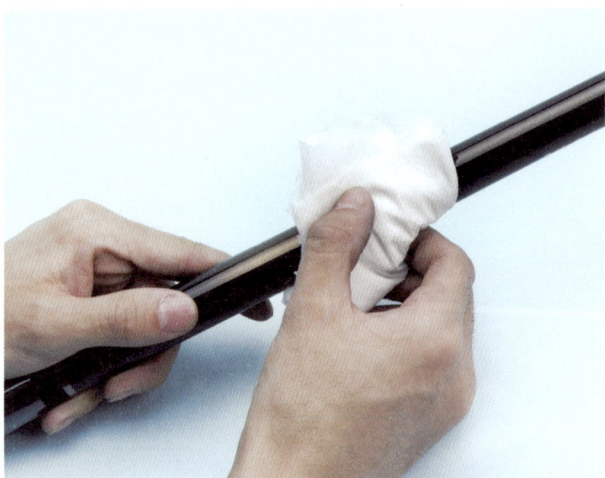

钓　线

钓鱼用的线，称为钓线，我国古代称钓鱼用的线为"纶"。过去钓线用丝线较多，现在多用尼龙线了。尼龙线有多种优点，如纤细柔软、坚韧耐拉、无色透明、久用不霉、出水不湿；缺点是因光照、温度、时间的变化，容易老化变脆，所以一定要避免暴晒及放在高温处，也不能与樟脑丸等化学品放在一起，一般使用一年左右最好换新线。

◆ 钓线的种类

● 尼龙线

尼龙线是垂钓的常用钓线，有无色和多种单色的。其主要特点是拉力强，韧性好，性能稳定，不吸水，不易卷曲，重量轻，透明性好，隐蔽性强。它伸缩性较大，伸缩率为2%～5%。但它会随气温下降而变硬，打结后强度会降低，受硬物挤压后会变形或出现硬伤，使用时间长了会老化，变黄变脆。

小贴士

多股尼龙线由多根尼龙线捻合而成，其优点是强度大、耐磨、伸缩性小、柔韧性好，缺点是不透明，在水中阻力大。

金属线

由铜丝或不锈钢丝制成，有单股的或多股捻合而成的，用作拴钓钩和连接钓线，其长度一般为30~40厘米。多用于垂钓凶猛鱼类，如带鱼、鲨鱼等。

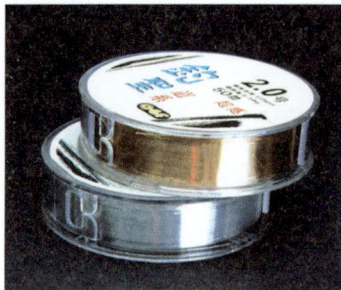

钓线有哪些规格

按线径大小分

我国生产的尼龙线多按线径大小表示。如线径0.2毫米，俗称0.2，线径0.4毫米，俗称0.4，依此类推。线径不同，拉力不同；相同线径，产地不同，拉力也不同。线径与拉力并不是正比例关系。下表为国产尼龙线的线径与大致抗拉强度的对照表。

国内尼龙线的线号、直径及大致拉力对照表

线号数	直径	拉力
0.4	0.104mm	1.46磅（0.66千克）
0.6	0.127mm	2.17磅（0.98千克）
0.8	0.147mm	2.90磅（1.32千克）
1.0	0.162mm	3.50磅（1.60千克）
1.5	0.202mm	5.49磅（2.49千克）
2.0	0.234mm	7.37磅（3.34千克）
3.0	0.284mm	10.85磅（4.92千克）
4.0	0.329mm	14.45磅（6.56千克）
5.0	0.368mm	18.22磅（8.27千克）

续表

线号数	直径	拉力
6.0	0.403mm	24.88磅（11.29千克）
7.0	0.435mm	25.47磅（11.56千克）
8.0	0.472mm	29.98磅（13.61千克）
10	0.522mm	36.67磅（16.65千克）
12	0.571mm	43.88磅（19.92千克）
14	0.616mm	51.07磅（23.18千克）
16	0.658mm	58.27磅（26.45千克）
18	0.698mm	65.58磅（29.77千克）
20	0.736mm	72.91磅（33.10千克）
22	0.772mm	80.22磅（36.42千克）
24	0.806mm	87.44磅（36.69千克）
26	0.840mm	94.97磅（43.12千克）
28	0.871mm	102.11磅（46.36千克）
30	0.903mm	109.76磅（49.80千克）
40	1.045mm	146.99磅（66.73千克）

● 按所承受的拉力分

钓线所承受的拉力大小习惯上用磅（1磅＝0.4536千克）来表示，能承受2磅拉力的钓线称2磅线，能承受5磅拉力的钓线称5磅线，依此类推。

日本钓线拉力表

线号数	直径 (毫米)	检测值 (千克)	截面积 (平方毫米)	线号数	直径 (毫米)	检测值 (千克)	截面积 (平方毫米)
0.1	0.052	0.36	0.002	2.0	0.235	2.68	0.043
0.2	0.074	0.51	0.004	2.5	0.260	2.86	0.053
0.3	0.090	0.62	0.006	3.0	0.285	3.20	0.064
0.4	0.104	0.72	0.008	4.0	0.329	3.97	0.085
0.5	0.117	0.91	0.011	5.0	0.368	4.78	0.106
0.6	0.128	1.14	0.013	10.0	0.522	8.41	0.214
0.8	0.148	1.36	0.017	16.0	0.658	12.93	0.340
1.0	0.165	1.68	0.021	20.0	0.736	18.28	0.425
1.2	0.185	1.84	0.027	30.0	0.903	25.36	0.679
1.5	0.205	2.53	0.033				

小贴士

现在市场上有大量日本进口钓线，它粗细均匀，光滑透明，特别是抗拉强度大，比国产对应直径钓线的抗拉强度高50%～80%，是目前大多数钓鱼者较喜欢用的钓线。

欧美钓线拉力表

直径（毫米）	拉力（磅）	直径（毫米）	拉力（磅）
0.119	2	0.450	14
0.147	3	0.500	17

续表

直径（毫米）	拉力（磅）	直径（毫米）	拉力（磅）
0.180	4	0.551	20
0.218	5	0.599	28
0.249	6	0.701	37
0.279	7	0.800	45
0.320	8.5	0.899	56
0.351	10	1.001	67
0.399	12		

🔖 钓线的选择

钓线的选用，主要是看拉力的大小和线径的粗细，这和垂钓水域、鱼的大小有着直接的关系。线径的粗细，应根据钓竿的种类、垂钓季节等因素选择，原则是宜细不宜粗。细线的优点多于粗线，细线阻力小、灵敏度高。

小贴士

钓线的长短，可根据自己的需要而定，钓大鱼线要长一些，需要4~5米；钓一般鲫鱼等，钓线长2.5米即够用。

1. 在小河沟或池塘垂钓，选用0.6~1.5号尼龙线做钓线较好，在大的养鱼池或河道、湖、海垂钓，选用3~5号尼龙线较适宜。

2. 淡水钓一般选用20号以内的尼龙线，海钓可选用20号以上的尼龙线做钓线。

🔖 钓线的保养

这里讲的钓线是现在普遍使用的尼龙线，它是一种化学纤维。这种线受光照、温度、时间的影响，容易老化变脆，所以一定要避免放在阳光下暴晒及放在高温处，也不能与樟脑丸、蚊香及其他化学品、腐蚀性药品放在一起，一般使用一年左右最好换新线。

平时垂钓时，注意不要践踏钓线或让硬物砸压钓线，以免造成硬伤，使其断裂。钓线在拴钩、拴连接环时，要注意拴扣方法，否则拴接处容易断裂。另外，垂钓完毕要把粘在钓线上的脏物擦干净，最好将其卸下后缠在线板上保存。安有绕线轮的海竿，每次垂钓后要放松钓线，因为在甩投和鱼上钩收线时，线轮内的钓线均被拉得很紧，如不放松一些就会缩短钓线的使用寿命。

◆ 实用的钓线缚扣方法

● 正确而实用的死扣方法

死扣的特点是结好扣后，越拉越紧，不会因扣结受力而回松。死扣的系法有以下三种：猪蹄扣、重复扣（双套死扣）、单套插头扣。

> 1. 猪蹄扣：是用于钓线和组钩相连接的扣。结扣方法是将钓线头穿过组钩的环，连续绕两圈，将线头在两圈中间和线的另一端互相交叉成十字形，将线头在线上结一个普通扣，拉紧即可。

> 2. 重复扣：是用于线与线连接的扣。结扣方法是将两根线的线头相向平行，绕成普通扣再重复穿2~3次，拉紧两端的长线和短线头即可。

> 3. 单套插头扣：是用于缚砣上钩的扣。结扣方法是将钓线折成一个圆圈，用另一端在圆圈内通过一个小圈成普通扣，再把手指伸入小圈内，另一手拉紧两条线，最后把缚好的单钩头线（有死结头的）穿入小圈中，用力拉紧即可。

猪蹄扣　　　重复扣（双套死扣）　　　单套插头扣

● 正确而实用的活扣方法

垂钓者掌握几种正确而实用的缚扣方法很有必要，否则在垂钓时会遇到很多麻烦。活扣特点是具有弹性，可以随时解开，下面介绍活扣的三种系法："8"字扣、拴牛扣和螺旋扣。

1. "8"字扣：用于钓线和组钩相连接的扣。结扣方法是将钓线头从组钩环套穿过去，然后拉出，要超过拴"8"字扣长度，用双线拴成"8"字扣，再拉紧即成。

2. 拴牛扣：用于钓线和组钩相连接的扣。结扣方法是把钓线头穿过钩环或钩套，一手捏住钓线头，用另一只手把钓线绕线头缠一圈，从穿环的钓线中拉出来，再穿入这个圈中，最后从穿入方向返回来留一个套，拉紧钓线即可。

3. 螺旋扣：用于钓线和组钩相连接的扣。结扣方法是将钓线头穿入组钩环内拉出2~3厘米，用线头绕8~9圈，然后把余线头拉向钩环处，在线与钩环相连接的套中把线头抽出，再折回一定距离成一个套，最后拉紧线，使这个套紧紧夹在里面。

"8"字扣

拴牛扣

螺旋扣

钓　钩

钓钩的名称、种类、型号都很多，有的是以钓钩的形状命名的，有的则以所钓鱼种命名，还有的用人名或地名来命名。目前，钓钩的名称尚无统一标准。

🔷 钓钩各部位的称呼

虽然钓钩的名称、种类、型号都很多，但其构造大致相同，一般由下列五个部分组成。

1. 钩尖。钩的最尖端部分，用来刺入鱼嘴，因而越尖锐越好。钩尖有内弯、外弯、扭弯和平行四种。

2. 倒刺。它是钩尖之下开衩部分，大多数钓钩都有，其作用是防止上钩之鱼逃脱和饵料脱落。倒刺的长度和张角以适中为好。

3. 钩腹。钩腹也称钩门、钩宽，指的是钩尖至钩把内缘间的距离。钩腹有宽、窄之分，宽者适宜钓大鱼，窄者适宜钓小鱼。

4. 钩柄。钩柄也称钩轴，其形状有圆形、平板形、撞木形、矛尖形、倒钩形、钩形、锯齿形、圆环形8种。其作用是防止绑钩线脱落。

5. 钩深。钩深也称尖高，指的是钩尖至钩底上缘的高度。钩深大，适宜钓大鱼；反之，适宜钓小鱼。

小贴士

钓钩的形状、钩条的粗细与所装钓饵有着直接的关系。一般来说，长轴钩适宜装细长的天然饵料，如蚯蚓、虾、沙蚕等；短轴钩适宜装短粗的天然饵料，如蛆虫、水龟虫等，也适宜装人工饵料，如各种面食饵料。

钓钩的种类

按使用方法分

朝天钩。朝天钩也称立钩，将铅坠直接焊在钓钩柄上，钓钩入水后，铅坠平立，钩尖朝上，故得名。这种钩不易被水草、淤泥掩盖，钓饵容易被鱼儿发现，江浙一带垂钓者多使用这种钓钩。这种朝天钩一般与浮漂配合使用，特点是反应灵敏，垂钓时必须随时注意浮漂的动静，提竿要及时。鱼儿咬钩时，多被钩住上腭，不易脱钩。

卧钩。卧钩也称困钩，钓钩钩柄拴上钓线后，在距钓钩约4厘米处的钓线上装上铅坠，钓钩沉水后，横卧水底。卧钩较稳，鱼上钩后不易逃脱，但灵敏度不如朝天钩，一般适合年纪较大、动作不太灵敏的垂钓者使用。

钓钩组按形状分

串钩。串钩也称蜈蚣钩、葡萄钩，拴串钩一般用3~5枚为宜。串钩入水后要使各钩能展开，不与主线缠绕，因此，其脑线不要太长，要稍硬一些，可选用5~8厘米长、0.25~0.3毫米粗的尼龙线作脑线。钩与钩之间的距离，要大于两根脑线的长度，这样钓钩就不会相互缠绕。由于各个钩相隔一定的距离，所以钩落水后处于水体的不同层次中，可以垂钓不同水层的鱼类。用串钩垂钓时，钓竿仰角不要太大，这样可使钓线上的钓钩靠近水底，垂钓效果比较好。

钓友经验谈

串钩一般用死坠，坠子拴结于钓线末端，坠子距第一枚钓钩的距离应为10~15厘米，这样第一枚钓钩落水后一般刚好挨到水底，不至于埋入淤泥中。

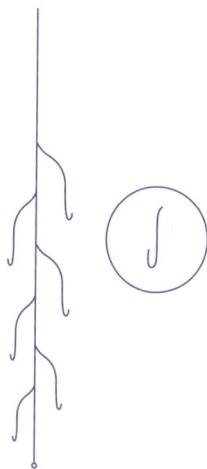

串钩示意图

炸弹钩。炸弹钩也称组钩、爆炸钩、集团钩，是由多枚钓钩并列拴结而成的一组钓钩。炸弹钩以其适宜远钓、善钓大鱼的优点而赢得广大垂钓者的青睐。炸弹钩多采用6～16枚钩为一组，其中以6～8枚一组为多。种类主要有带簧有尾钩和无簧无尾钩两种。

带簧有尾钩的中间系有一个金属弹簧，既可以固定和承托饵料，起到稳固作用，使饵料不致松散，又可以在弹簧圈内装填增味剂，增强诱鱼作用。当饵料处钓钩因刮风或线过紧而前移时，其尾钩往往进入饵料里，鱼儿循味前来吸食，即把尾钩吸入。若其他钩钩住鱼，鱼儿挣扎时，尾钩很容易钩住鱼身体的其他部位，使鱼不易脱逃。

无簧无尾钩的多枚钓钩并列在一起，因此，对饵料软硬度要求比较高，要求饵料不软不硬，否则易粘在一起，或在甩竿时散落。

带簧有尾钩　　无簧无尾钩

⊙ 怎样判别钓钩的质量

在挑选钓钩时，一定要注意检查钓钩的制造工艺和质量。

一般可从下列几方面入手。

（1）检查钓钩的强度和韧性。用手捏住钩尖部分向外拉，若钩发生变形或折断，说明钩的热处理工艺未做好。热处理好的钓钩既硬又韧。

（2）检查钓钩钩尖。用食指摸试钩尖，钩尖应圆正、锋利，没有断尖。钩尖宜正，既不能内倾，也不能外倾。

秃头不良　　　标准　　　曲尖不良

钩尖质量示意图

标准　　　太深不良　　　翘裂不良

倒刺质量示意图

5kg　　　2～5kg　　　1～2kg
以上钓钩　　钓钩　　　钓钩

钩条粗细情况

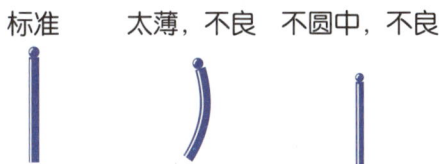

标准　　太薄，不良　　不圆中，不良

钩柄质量示意

教你一招：钓钩怎样保养

　　垂钓时要尽量避免拖挂水草、沙石，以免磨钝钩尖。鱼若吞钩太深，要用退钩器摘钩，切忌生拉硬拽。使用时间长后若发现钩尖钝化，可用细颗粒的油石磨尖后再用。每次垂钓结束后，应擦净、擦干钓钩。若长期不用，应涂上少量植物油，将钩包好置于阴凉干燥处保存。

（3）检查钓钩的倒刺。倒刺的大小、角度取决于开口的深度。开口切得过深，倒刺就会过大或过翘，开口处受力时就容易断裂；开口切得过小或角度切得不当，会影响倒刺的作用。倒刺可以防止鱼儿脱钩，还可以固定饵料，所以倒刺不合标准的钓钩，不能选用。

（4）检查钓钩钩条的粗细。钩条粗细应与钩的大小相称，大钩钩条要粗一些，小钩钩条要细一些。在相同拉力的情况下，钩条越细钩越好。

（5）检查钩柄。常见的钓钩钩柄为平板形，它的大小、厚薄要适当。钩柄过大、过厚，容易磨损绑钩线；过小，绑钩线容易松动、脱落；过薄，刃口锋利，容易切断绑钩线。

怎样拴绑钓钩和选择拴钩线

　　拴钩线属于支线的一种，选择拴钩线时，其直径要小于主线，也要比主线软。鱼类（除肉食性鱼类外）摄食时是用嘴去吸，将钓饵和线一起吸入，若脑线（此一段拴钩线也称脑线）粗、硬，鱼吸进钓饵时，会感到有异物，产生警觉，而吐出饵钩。拴钩线一般是细一些为好，但也不是越细越好。过细的话，大鱼上钩时易被拉断，所以必须根据垂钓的具体情况进行选择，一般线径在0.3毫米以下为宜。

　　拴钩时还应注意的是，应把脑线拴在钩柄的内侧，而不是拴在外侧。

钓鱼坠和浮漂

钓鱼坠的分类

钓鱼坠，也称坠子、沉子、铅坠、鱼坠、千斤、垂砣等。一般多用铅、锡等较重的金属制作而成。利用坠子的重量，可使饵钩投至较远的钓点，并稳定于钓点。坠子还可拉直、绷紧水线，使鱼咬钩的信息传递更灵敏。在流水中垂钓时，坠子可固定饵钩，使其不致被水冲走。此外，坠子可使水变浑，起到诱鱼的作用。钓鱼坠按用法可以分为手竿坠和海竿坠两类。

手竿坠

手竿坠是配合浮漂使用的坠子，常见的有球形、枣形、板状形。球形坠和枣形坠上有"V"形开口，故又称开口坠。安装时，将绑钩线放入开口底部，用手按压一下或用钳子夹一下，坠子即可固定于钓线上。板状形坠子实际上是一条板状铅片。安装时，只要将铅片卷在绑钩线上，用力压紧即可固定。

○ 海竿坠

海竿坠一般用于远投垂钓，按其结构可分为两种：一种是空心坠，又叫活坠；另一种是实心坠，也叫固定坠或死坠。活坠中间有通心孔，坠子可以在钓线上滑动。为避免坠子滑到钓钩上，可在钓线与绑钩线的连接处固定一个小开口坠，或通过连接器具连接钓线与绑钩线。

活坠适宜配合组钩进行底钓，鱼咬钩时，拉动钓线，不受坠子影响，振动直接通过钓线反映到竿尖。死坠适宜在坠子上方的钓线上连接串钩等组钩垂钓，既可进行底钓，又可配上浮力大的浮漂进行浮钓。使用死坠垂钓，鱼咬钩时，受坠子影响。

◆ 浮漂的功能

浮漂，也称浮子、鱼浮、鱼漂。垂钓过程中，鱼是否咬钩了，全靠浮漂来传递信息，所以说浮漂是进行垂钓时用以传递鱼上钩信息、控制钓钩在水中位置的重要渔具配件之一。其功能如下。

1. 传递鱼咬钩信息。浮漂反应十分灵敏，鱼未上钩时，浮漂平静地浮在水面；一旦有鱼触及、吞食饵钩时，浮漂迅速反应，或向上浮起，或向下坠落，此时即可提竿了。

2. 随意钓不同水层的鱼类。通过调整浮漂与坠子的比重关系，缩短由浮漂到饵钩之间的钓线（俗称水线）长度，饵钩即可悬于不同深度的水层，以垂钓不同的鱼类。

3. 探察水的深度。钓鱼者初到一新的水域垂钓，不知其深度，这时可调节浮漂在钓线上的位置，然后将钓钩投入水中，所见到的浮漂到钓钩间的钓线长度即为水深。

4. 显示何种鱼咬钩。由于鱼类习性各异，吞饵方法也各不相同，浮漂会有不同反应，垂钓者可以此判断是何种鱼咬钩。如鲫鱼咬钩多半是先碰碰饵钩，然后吞饵钩，浮漂的表现往往是微微动一下，再向下坠两个浮子，然后又将浮子送上来，俗称送浮，这时提竿正适时，鱼儿不易脱钩。

5. 显示饵钩的位置。饵钩入水后处于哪个位置，浮漂会很醒目地表现出来，便于垂钓者判断饵料是否被抛投在窝点。

🏷️ 怎样选择浮漂

　　浮漂的形状、种类较多，垂钓者在选择浮漂时，要根据垂钓鱼的种类、水体深度、水流速度和坠子的重量而定，还要考虑到垂钓者的视力、鱼竿长度和近钓还是远钓等情况。

　　在深水域进行底钓时，应选用大浮漂配大坠子，使饵钩入水后能迅速落底，以免饵料被中上层的小鱼抢食；如钓小鱼，应选用浮力较小的浮漂；水流湍急水域不宜使用小型浮漂；风力较大的情况下，可使用漂体长、顶端较细的浮漂。

　　浮漂的色泽应该鲜明，不论天晴天阴、光线强弱，都便于垂钓者观察。一般情况下，早晚用白色或黄色浮漂较好，中午用荧光红色、橙色者为宜。垂钓水域的水多呈绿色或海蓝色，因而不宜使用绿色或蓝色的浮漂。

其他辅助用具

绕线轮

　　绕线轮也叫放线器，有几十个品种。一般海竿和两用竿上必配一个绕线轮。绕线轮可储线，一般可储线几十米甚至数百米，可使钓线收放自如，便于"放长线，钓大鱼"。绕线轮最早见于我国宋代马远所使用的钓竿。随着科技的发展，现在的绕线轮从简单到复杂，从低级到高级，品种很多。

钓竿架

　　钓竿架是为了减轻垂钓者的疲劳，用来支撑钓竿的一种支架。钓竿支架可分为手竿架和海竿架，有竹制横搁式，也有金属制斜插式。一般手竿架稍长，海竿架稍短。支架的高矮可视钓竿的长短而定，钓竿越长，支架相应越高。支架的高度一般为0.8~1.5米，个别也有超过2米的。为携带方便，高支架多为多节活动式的。

抄网

垂钓者钓上大鱼后不可直接将其甩上岸，一般应先在水中遛鱼后，慢慢拖至岸边再用抄网兜住提上岸。抄网多由尼龙网和金属网圈组合而成。网径30～35厘米，网长40～50厘米，把长1.5米左右。网口有圆形、椭圆形、三角形或梯形等。

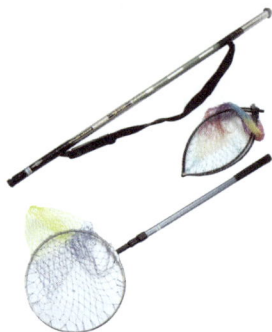

鱼护

过去垂钓者钓上来的鱼都是存养在鱼篓中，因鱼篓体积大，携带不方便，现已很少有人使用。鱼护是一种用尼龙网制作的、可收缩的储鱼工具，将所钓之鱼放入其中，置于水中养护，可保鱼存活。

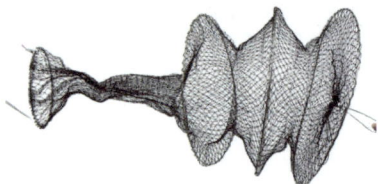

钓鱼箱

钓鱼箱多为塑胶箱或铝箱，特点是重量轻，且坚固防水。钓鱼箱一般有两种：一种是小型箱，用于配备假饵、浮漂、飞蝇钩或其他钓鱼时需要用到的一些小钓具；另一种是容量大的大型箱，除了存放一

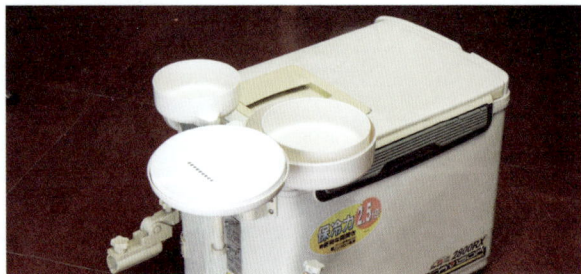

些小钓具、鱼饵外，还可以放置钓鱼帽、雨靴、衣裤、伞柄架、支竿架等渔具。此外，高级钓鱼箱的最下层还有冰箱，可存放5000克左右的鲜活鱼，冰箱旁还设有蓄电池。此箱还可替代折叠椅让钓鱼者骑坐在上面钓鱼。

第三章

顺天时：
钓鱼看天气

很多人认为，鱼一直在水里游动，无论什么时候见到鱼饵都会一口吃掉，实则不然。鱼类觅食是有规律的，这种规律不仅与其自身的生活习惯有关，还与天气、时间、水温、风向等诸多自然环境因素有关。而且，不同的鱼类对自然环境有不同的喜好，觅食规律也不尽相同，垂钓者一定要根据鱼类的觅食规律寻找最佳垂钓时机。

四季钓鱼收获大不同

水温的变化，直接影响鱼类的觅食活动。水温是随着季节变化而变化的，所以说不同的季节，垂钓的收获也不同。一般说来，春、秋两季是钓鱼的黄金季节，夏季和冬季为钓鱼的淡季。

◆ 春季是垂钓的旺季

春季天气由冷逐渐转暖，鱼类由冬天的蛰伏状态复苏，活动量加大，食欲也旺盛起来，而此时水中的天然饵料还较少，鱼饥不择食，同时鱼逐渐进入繁殖产卵期，更需大量的食物来补养身体，以满足生长及生殖需要，所以此时正是垂钓的旺季。

◆ 夏季是钓鱼的淡季

夏季太热，人、鱼皆疲乏。经过一春的摄食，鱼已经不那么饥不择食了。再加上夏季表层水温较高，甚至可达40℃，除热带性鱼类外，其他鱼类皆避入深水，自然不宜垂钓。夏季垂钓，可在早晨和下午，选择多水草的浅滩和不太深的水域钓"底鱼"；而中午，则适宜钓上水层的"啪嘴子"鱼和浮钓草鱼、鳊鱼等；晚间还可进行夜钓。

◆ 秋季是钓鱼的黄金季节

秋季是一年中钓鱼的黄金季节。立秋之后，全天炎热的天气就变成中午热早晚凉了，可垂钓中、深水的底层鱼。秋季由于天气凉爽、温和，气候比较稳定，鱼群活跃，鱼的消化能力和摄食能力都比较强，因为它们要储存丰富的养料准备过冬。因此，秋季的鱼比夏季好钓。

◆ 冬季是钓鱼的淡季

冬季鱼群都已潜入水体的最深处越冬，不太活动，摄食很少，一般仅靠它体内储存的养料和脂肪来维持生命。但越冬鱼类并不是绝对不活动、不觅食的，特别是一些个体较大的鱼，在适应寒冷以后，在风和日丽、水温尚未达到冰点的时候，仍然会游到向阳的深水处觅食、晒太阳。因此，冬季垂钓的时间主要在中午前后。

鱼四季活动的一般规律

季节	鱼类活动规律
春季	一般在水的下层栖息，无食欲
	一般在中下游深水区附近的浅水处游动觅食
夏季	一般在中下游深水区的深水处游动觅食
秋季	一般在中下游深水区的岸边或水草处游动觅食
冬季	一般在下游的向阳处游动或觅食
	一般在下游的深水区栖息

四季垂钓的最佳时间

春季垂钓的最佳时间

　　钓鱼的时间是否合宜，是以水温是否适宜为标准的。早春时节，天气还比较寒冷，尤其早晨和晚上气温更低，因此，只有在阳光明媚的日子，上午9时至下午16时，气温稍高的这段时间可以垂钓，但还不能说是很好的钓鱼时间。仲春时节，水温有所升高，适钓时间可提前至早上7时，延至傍晚18时左右。春末、夏初，气温和水温都比较适中，此时全天都适宜垂钓。

春季天气时间段适钓一览表

天气情况	上午（5~10时）	中午（10~14时）	下午（14~18时）	夜间
早春寒流	×	√	×	×
晴天	√	√	√	√
阴、有小雨	√	√	√	√
小雨、中雨	√	√	√	×
东风、东南风、东北风	√	√	√	√
西南风、南风	√	×	×	√
雾天	×	×	√	×
闷热	√	×	×	√

◆ 夏季垂钓的最佳时间

夏季天气炎热，上午9时至下午16时气温很高，都不适于垂钓。因为鱼是不适应高温的，水体的上层被太阳晒得很热，鱼都栖息在深水层的阴凉之处，只有上午9时以前和下午17时以后才较适于垂钓。

夏季天气时间段适钓一览表

天气情况	上午（5~10时）	中午（10~14时）	下午（14~18时）	夜间
晴天	√	×	×	√
阴、小雨、梅雨	√	√	√	√
中雨、大雨后	×	×	√	×
暴雨、台风	×	×	×	×
雾	×	×	√	×
闷热	√	×	×	×
阵雨之后	√	√	√	√
东风、东南风、东北风	√	√	√	√
南风、西南风	√	×	×	×

🔶 秋季垂钓的最佳时间

夏末至中秋之时，又是一个水温适度的时期，此时，整天都适于垂钓，夜间也可放"钩"一搏。

秋季天气时间段适钓一览表

天气情况	上午（5~10时）	中午（10~14时）	下午（14~18时）	夜间
晴天	√	√	√	√
阴、有小雨	√	√	√	×
中雨、大雨后	×	×	×	×
连绵阴雨	×	×	×	×
台风	×	×	×	×
东风、东南风、东北风	√	√	√	√
西南风、南风	√	×	√	√
西风、北风、西北风	×	√	×	×
雾	×	√	√	×
下霜	×	√	√	×
寒流	×	×	×	×

◆ 冬季垂钓的最佳时间

　　深秋至冬季，天气逐渐寒冷，这个时期，要垂钓只能在晴天的上午10时至下午15时进行，其他时间，很少有鱼上钩。当然，那些精于冬钓的行家，严冬季节破冰做深水冬钓，也可以获鱼而归，但只限于北方寒冷地区，并非任何钓鱼爱好者随处都可进行。

冬季天气时间段适钓一览表

天气情况	上午（5~10时）	中午（10~14时）	下午（14~18时）	夜间
晴天	×	√	√	×
寒流、北风、西北风	×	×	×	×
南风、西南风	×	√	√	×
下雨	×	×	×	×
下雪前	×	√	√	×
下雪后	×	×	×	×
冰封后	×	√	√	×

垂钓的最佳天气

　　鱼类对天气变化十分敏感，因此，气压、风力、风向等对钓鱼的影响都很大。天气反常，如骤冷、骤热、闷热、过冷、过热等，鱼类的摄食欲望都会受到抑制。因此，如天气不好，就不适宜外出垂钓。另外，大雷雨前、强台风后、西南风起、大雾天等恶劣天气，鱼儿也是不爱咬钩的。因此，若在野外发现天气突然变坏，一时难以好转，就应收竿回家。

　　一般说来，春天气温还较低，时有寒流袭来，寒流来时，不宜外出垂钓，应选择风和日丽的天气垂钓。春末夏初的梅雨季节，气温适宜，水中氧气充足，是垂钓的好时机。另外，春季下毛毛雨时，微雨入塘，水中溶氧增加，鱼儿活跃，固有"春雨满塘鱼"之说。

　　夏、秋多雷雨，一般在雷雨后，水温清凉，氧气充足，饵料充足，鱼儿活跃，喜咬钩。连续阴雨转晴天气及多云天气，也是垂钓的好时机，此时光线忽明忽暗，水温由低转高，鱼儿活跃贪食。

观云识天气简表

云的类型	云的形状	云的颜色	可能出现的天气
卷云	丝条状、片状、羽毛状、钩状、砧状	白色	晴朗
卷层云	丝幕状，云边有晕	乳白	晴或多云，但北方冬天可能下雪
卷积云	细鳞片状、成行或成群排列整齐；有时像微风吹拂水面形成的小波纹	白色	多为晴天，有时阴雨，大风
高层云	均匀成层，如帐幕	灰白或灰色	阴，有时有小雨
高积云	云块较小，扁圆形，或瓦块状，或水波状排列	白或暗灰色	晴、多云或阴
层积云	云块较大，条状、片状或圆状，较松散；成群、成行或波状排列	灰白或深灰	晴、多云或阴、有时下小雨或小雪
层云	均匀成层，像雾	鱼肚白	晴，有时下毛毛细雨或小雪
雨层云	低而漫、无定形，如烟幕状，云底常伴有碎雨云	暗灰	连续性雨雪天气
积云	底平坦，顶凸起，如山峰	灰白色，浓淡分明	晴、少云或多云
积雨云	比积云浓厚，庞大，底高，云顶模糊，底很阴暗	乌黑	多云或阴，有雷阵雨，伴有大风、雷电，有时产生冰雹或龙卷风

风力、风向对垂钓的影响

风与垂钓也有密切的关系。刮风天气，风吹动水面，水体上下产生对流，水中溶氧量增加；同时，风将陆地、空中的草叶、昆虫等吹入水中，成为鱼类的食物，鱼儿感觉舒服，显得异常活跃，食欲好，吃饵勤。但风力不能太大，以3级左右为最佳，"和风细雨，鱼儿欢喜"。如果风力很大，必然风浪拍岸、波涛汹涌，不仅难以观察鱼群反应，而且这时的鱼，由于感到不适和惊慌，大都伏于水底不动，无心觅食。总的来说，一般刮东风、南风、西风、北风这四种正向风时，鱼吃钩率均较低；而刮东南风、东北风、西北风这三种偏向风时，鱼四季吃钩率皆较高；独有刮西南风时，鱼在春、夏、秋三季吃钩率均较低，甚至不吃钩，而严寒的冬季吹西南风时，天气暖和，鱼吃钩率反而较高。

风力等级与地面情况简表

风级	风名	风速（米/秒）	地面情况
0	无风	0~0.2	炊烟直上，树梢静止不动
1	软风	0.3~1.5	炊烟向一个方向移动，树叶略有摇动
2	轻风	1.6~3.3	脸上感觉有风，树叶微响，旗子轻轻飘扬
3	微风	3.4~5.4	树上枝叶摇动不息，旗子招展
4	和风	5.5~7.9	能刮起地面的灰尘和纸张，树枝摇动作响，茅草像波浪般起伏
5	清风	8.0~10.7	有枝叶的小树摆动，江河上有小波
6	强风	10.8~13.8	大树枝开始摇动，人撑伞困难，电线发出"呜呜"的响声
7	疾风	13.9~17.1	全树摇动，人迎风步行感到困难
8	大风	17.2~20.7	小树枝被吹断，人步行感觉阻力甚大
9	烈风	20.8~24.4	普通房瓦被掀起，大树枝被折断
10	狂风	24.5~28.4	树木被拔起，一般建筑物遭破坏
11	暴风	28.5~32.6	大树被吹倒，建筑物受到严重破坏
12	飓风	32.7~36.6	陆地上少见，其摧毁力极大

雨天垂钓讲究多

毛毛细雨下到水面上，不仅对鱼没有惊扰，而且还能增加水中的溶氧量，这时鱼儿食欲大增，易于上钩；阵雨前因气压低，鱼浮头不食，不可垂钓；阵雨之后大量新水带着氧气和食物进入水中，使鱼活跃，食欲强，是垂钓的好时机。连续下雨时，刚开始鱼吃钩率低，须待几个小时以后，水里新水增多，鱼活跃，皆趋近水边觅食，此时在雨中垂钓效果很好。若是大雨、暴雨天气，鱼儿受到惊吓，一般不肯进食，垂钓者也看不清浮漂，难以掌握提竿时机，且身上穿着雨衣，不灵活，故不宜垂钓；但雨后如水色不太浑浊、流速不太快，则可垂钓。雷雨天气易遭雷击，不宜垂钓；但雷雨一过，天晴气压高，水中溶氧丰富，鱼类食欲旺盛，倒是垂钓的好时机。总的来说，雨季时，水温适宜鱼类生存，当雨停歇以及雨较小时，皆为垂钓的好时机。

第四章

谓为其所吞食：常用诱饵和钓饵的制作与使用

所谓鱼饵，笼统地讲，就是鱼类的食料。这些食料，有天然的和人工的；有动物性的，也有植物性的。而这里所讲的鱼饵，则是垂钓活动中所使用的钓饵和诱饵的统称。

诱饵的种类

诱饵是用在垂钓下钩之前，撒入预定的钓点，以引诱鱼群在钓点周围聚集，便于将其钓获的一种饵料。既然称之为诱饵，可见它的作用只是在于"诱"，而并非作为供鱼食用的饲料。因而制作诱饵，必须注重颜色和香味。由于鱼类的视力有一定的局限，通常的视程只有1米左右，而且只有黄、白、红三种颜色才易于鱼类接收，所以诱饵的颜色要具有红、白、黄的色彩。诱饵的种类很多，依形状可分为散饵、粘饵和团饵三种；如果按诱饵颗粒的大小可分为颗粒诱饵、粉末诱饵、混合诱饵等多种。不论哪种诱饵，都是为了诱鱼前来摄食。

🔶 粉末诱饵

粉末诱饵的原料，是各种粮食的粉末，如豆饼粉、菜籽饼粉、花生饼粉、黄豆粉、山芋粉、麸皮粉、米粉、米糠粉、面粉、花生粉、芝麻粉、蚕豆粉、面包屑、饼干屑等。这些粉末类诱饵，价格低廉，取材容易，诱鱼的效果很不错。但对有些特别喜欢香味或甜味的鱼类进行诱集时，还需加些白酒、香油或糖等，效果会更好。有丰富钓鱼经验的垂钓者认为，粉末诱饵一般要由2～4种粉末配制而成，而且要加些水进去调和，这种水最好不要用其他地方的水，而应该用垂钓水域中的水，效果才会更好。

面粉+糖+白酒+面包屑

◆ 颗粒诱饵

颗粒诱饵的特点是颗粒大，容易被鱼儿看见，可以引诱到草鱼、鲤鱼、青鱼、鳜鱼、鳡鱼、鲶鱼、鲌鱼等较大型的鱼类。其原料除玉米、饭粒、熟山芋、南瓜等素食外，还可加入鱼、虾、螺蛳、蚬、蚌的肉和其他动物的肉类碎屑等荤食性饵料，对肉食性的鱼类有很大的诱惑力。若在小型池塘内垂钓，可以直接用单一的粮食颗粒做诱饵，如将麦粒在水中浸泡，涨鼓后做诱饵，素食性的鱼类都能贪婪地聚集。若在麦粒外面拌些带腥味的动物肉粉，如虾米屑、鱼粉等，则能引来肉食性鱼类。若用枸杞子、桑葚和切成小粒的菠萝做诱饵，可引来多种鱼类，效果很好。

玉米+饭粒+麦粒

◆ 合成诱饵

根据不同鱼类的摄食喜好，将几种类型的饵料合制成的诱饵，称为合成诱饵。合成诱饵的品种很多，一般是根据所钓的具体鱼种选择该鱼种所喜食的2～4种原料配合制成的，有的还要加入些辅料、添加剂，如香油、水果、奶油香精、酒曲、鱼肝油或糖类等。例如，垂钓者所要钓的鱼种是鲫鱼，其诱饵所用的原料应该是鲫鱼喜欢吃的浓香型诱饵，用黄豆粉、蚕豆粉、豆饼粉为主料，再加点儿白酒，以增添香味。这样有针对性地选择制成诱饵的原料，可以提高诱鱼的效果。

水果+白酒+糖

混合诱饵

混合诱饵从表面上看，是由几种原料混合而成的诱饵。实际上，"混合"两个字，在这里具有多种含意：一是指由多种原料合成，原料可以是3～4种，也可以是5～6种，甚至7～8种，再加上辅料混合制成；二是指在这种混合诱饵中，不仅有几种素饵料，而且还有几种荤饵料；三是指混合诱饵所要引诱的，不只是单一的鱼种，而是各种鱼类；四是指混合诱饵中不仅包含鱼类爱吃的饵料，还混有不同气味的添加剂，以引诱喜欢某种气味的鱼种前来摄食；五是指混合诱饵既可引诱小鱼，也能引诱中型鱼和大型鱼。

干撒诱饵

干撒诱饵有粉末型、颗粒型、油粕三种。

粉末型：主要是粮食的粉末或粮食加工后产生的下脚料的粉末。可直接用单一的粮食投撒作为诱饵，也可将几种饵料用水掺和后调制成小球状作为诱饵，不论是单撒还是制成小球状，投入水底后都容易散开，其气味很快就会传播开来，吸引觅食的鱼儿进入钓点。但干撒诱饵有个缺点，就是持续性较差，一般入水1～2小时后就会失去引诱作用，所以一般2小时左右就需重新补撒。干撒诱饵的原料有米粉、面粉、玉米粉、麸皮粉、山芋粉、芝麻粉、豆饼末、花生饼末、菜籽饼末等。这些原料，可以炒香后干撒，也可以用2～3种拌和后干撒；还可以制成带酸味的、带甜味的、有浓烈的酒香味的诱饵干撒。

颗粒型：用浸胀后的麦粒、玉米、粳米或小米制成，有的加点儿添加剂，也有的不加添加剂直接干撒进水打窝。一般是把饵料带到钓点，若窝点靠岸较近，可直接用手抓起来投撒，若窝点离岸较远，可在竿梢上装撒饵器投撒。这种饵料撒入水中后，在水中荡荡漾漾地往下沉，很容易被鱼儿发现，用不了多长时间就能把不少鱼引进窝点。

小米+添加剂

油粕：指榨过油后的黄豆、菜籽、芝麻、花生渣子，俗称豆饼、菜籽饼、芝麻饼、花生饼。将它碾碎、炒香后即可用作干撒诱饵。这种饼类的碎屑一经炒香，

香味浓烈，可单纯用这种粉末，也可加入一些面粉或玉米粉后使用。由于这种诱饵的香气特别强烈，常能将较远处的鱼儿引来，垂钓者在将一般诱饵撒下去后作用不明显，几乎钓不到鱼的情况下，可把这种香味强烈的诱饵拿出来应急使用。另外，这种榨油后的饼粕，如果不碾碎，切成像肥皂块大小的方块，可作为长效诱饵使用。由于这种饼粕是经过高压挤榨过的，非常结实，投入水中浸泡，可以过十余小时不分裂散开，又因它是整块的，鱼儿不能把它吞食进口，所以只要放1~2块在窝点中，可以一整天都起到引诱鱼的作用，免去了补饵的麻烦。

◆ 酿制诱饵

酿制诱饵是指把粮食放在酒曲或有香味、甜味的药料汁水中浸泡后，作为诱饵用。酿制诱饵大体可分两类。

一是酒米，酒米是将粳米或碎米装进瓶内，再倒进白酒浸泡2~3天后取出，在垂钓前撒入窝点打窝。二是药米，药米是将粳米或小米放进具有芬芳香气的中药药酒中浸泡成的饵料。常用的香味药料有丁香、郁金、桂皮、阿魏、山奈、冰片、麝香、桂花干等。但其中麝香价格极贵，一般不用。

🔖 曲制诱饵

曲制诱饵是用粮食粉末如玉米粉、豆饼粉、麦粒、小米、麸皮粉等粮食饵料放入酒曲液中浸泡后制成的。这种诱饵香味浓郁，可引诱来鲫鱼、鳊鱼、鲂鱼和草鱼，对钓获这些鱼类有很好的效果。曲制诱饵有其特别的优点：一是效果好；二是使用分量少，只需撒上一两把，不必像其他诱饵那样需带很多。

🔖 腥撒诱饵

腥撒诱饵是一种具有强烈腥气的诱饵，用来引诱肉食性鱼类。通常只有动物性的饵料才有腥味。其原料是小鱼、虾、青蛙、蚯蚓、螺蛳、蚌和蛤的肉，以及狗、猪、羊、鸡、鸭、鹅的内脏等，这些东西都有强烈的腥味。

值得注意的是，制作诱饵使用的这些脏器，不能切得太碎，因为如果切得太小投入水中，虽然能把肉食性鱼类引来，但很快会被它们吃光，鱼吃饱了以后，就不会再咬钩了。所以，用作诱饵的动物性饵料，只能投入大块的，使鱼儿只能看看闻闻而无法吃进口中。如果切成碎块，就需用纱布袋装好，封好口，再作为诱饵投入水中。用腥撒诱饵在内河或池塘等静水水域引鱼时，可引来鳜鱼、鲌鱼和黑鱼等。在大水域和江河水急处垂钓，还可引来凶猛的肉食性鱼类，如狗鱼、大马哈鱼和鳡鱼等。

🔖 色味诱饵

色味诱饵在制作时，颜色上使用鱼类容易发现的颜色，味道上根据不同鱼类的喜好进行调制。如果诱饵的颜色不容易被鱼看见，则不会产生诱鱼的作用。人们已经知道，鱼的视觉对红、白、黄色的反应比较灵敏，而对其他颜色反应迟钝甚至看不见；据研究，北方鱼类用黄色的诱饵效果较好，南方的鱼类则容易看见白色和红色。除诱饵的颜色有一定的要求外，味道也必须加以注意，因为鱼除了视觉稍差些，味觉和嗅觉都是很灵敏的。许多鱼类对于食物只要闻一下或用嘴碰一下，就能了解食物是否合乎它的口味。所以，不论钓饵还是诱饵，都应该考虑到各种鱼类不同的味觉嗜好。

湿撒诱饵

馊味湿撒诱饵，一般用豆饼、麸皮粉等粮食类粉末，加入吃剩的馊粥或米汤拌和，再加入面粉增加黏性，将其捏成团粒，对草鱼、鲤鱼、鳊鱼、鲢鱼都有很大的吸引力。

酒香湿撒诱饵是用黄豆粉、芝麻饼加少量面粉和酒糟混合制成的，这几种原料都是鱼儿喜欢吃的，再加上有酒糟的香味，可吸引素食性鱼类和杂食性鱼类进窝，效果很好。

清香湿撒诱饵由几种新鲜原料混合制成，其原料有新鲜豌豆、新鲜嫩玉米和嫩茭白，将它们放在一起磨成浆，再加入麸皮粉末和匀，捏成团块，入水打窝。它带有几种原料固有的清香气味，对素食性的几种鱼引诱效果很好。

豌豆、新鲜嫩玉米和嫩茭白

蘸饵

蘸饵是将钓钩用水蘸湿，然后蘸上些有香气的粮食粉末做饵料。粮食粉末可用玉米粉、黄豆粉、芝麻粉、豌豆粉、面粉等。制作方法：将这些混合粉末预先炒香后，用铁皮盒装好带到钓点去，垂钓时，将钓钩放入水中蘸湿，再在炒香的粉末中滚蘸一下，使钩上沾满有香味的粉末后再放入钓点中垂钓。粉末遇水后纷纷散落在水中，可立即引得鱼儿前来抢食，钓鱼者用空钩就可以将鱼钓上岸。

有些钓鱼者还在钩上装挂蚯蚓、蚌肉、虾仁或螺蛳肉，再蘸上粮食粉末下钩，沾在荤饵上的粉末料在水底沉积起来，蘸得次数越多，水下的粉末料也就越多，可成为自然的窝子。

常用诱饵的制作方法

制作常用诱饵有哪些要求？一要香，二要亮，香可使鱼闻到，亮是让鱼看到；三香味要合理，酒香、药香、花香、油香、糟香等均可选用；四要粗细合适，易成团，入水易散开；五要用所垂钓塘的水调制湿料。

◆ 麝香米诱饵

这种诱饵是鲫鱼、草鱼、鲤鱼等最喜吃的诱饵，其特点是耐水泡、不变形、不变色、不变质、用量少，一个窝子撒20粒左右即可。制作方法：将粳米装入玻璃瓶，用纱布包一点麝香放入玻璃瓶内，封好瓶口，半个月后瓶中的米即可做诱饵使用。

◆ 药米诱饵

药米也是鲫鱼、草鱼、鲤鱼喜吃的诱饵。制作方法：将灵草、排草、香松、小茴香、滑石、大黄研碎后加入白酒密封于玻璃瓶中，浸泡2个月即可启用。也可用香松、丁香、广香、小茴香、桂皮、八角、滑石研碎后加入白酒密封于玻璃瓶中，浸泡2个月即可启用。垂钓前取以上任意一种药酒，倒入1个小瓶内，再放入一些粳米淹没其中，密封好，撒窝时一个钓点撒上十余粒药米即可。

◆ 酒米诱饵

制作方法：将粳米装入玻璃瓶中，用白酒浸泡，夏季、秋季需浸泡3天以上，春季、冬季浸泡1周左右即可启用。垂钓时用小瓶取一些酒米带上，每窝撒上20~30粒足够。

◆ 豆渣诱饵

鲦鱼、鲢鱼、鲤鱼、草鱼均喜食豆渣。豆渣易得，制作简单，许多垂钓者都乐于使用。制作方法：将豆渣放在日光下晒几天，让其受热发酵备用，使用时直接将发酵后的豆渣撒在窝子里即可。

米饭诱饵

米饭色白，软硬适中，鱼儿容易识别、喜食。制作方法：将米饭放入坛子里，加入白酒密封，可长期保存，随时取用。垂钓时取出部分米饭，再加入面粉、混合饲料、胡豆粉等，捏成团，撒在窝内即可。

青草诱饵

草鱼喜食青草，青草也可作诱饵。制作方法：割取青草，扎成把，夏天将其抛在水面，可做浮钓诱饵；其他季节可在青草把中捆入石块，加大重量，抛入水中使其沉底，可做底钓诱饵。

菜籽饼、酒糟诱饵

菜籽饼、酒糟是鲤鱼、草鱼、鲫鱼喜食的饵料。制作方法：将菜籽饼、麦麸、粳米混合在一起，碾碎，垂钓时取塘水拌和，捏成团即可做诱饵撒窝。用酒糟做诱饵，可直接取用撒窝。

牛屎诱饵

有的鱼儿喜欢逐臭，牛屎气味浓，鲤鱼喜食。用牛屎制作诱饵，正好是废物利用。制作方法：取新鲜牛屎1000克加切碎的青草250克，以及少量粳米、湿泥、稻壳等，混合后捏成团备用。撒窝时将牛屎团抛入钓点，待牛屎团解体，青草、稻壳浮出水面，周围塘水呈浑浊状态时，即可下钩垂钓。

钓饵的种类

钓饵也称鱼食，是装在钓钩上让鱼儿吞食上钩的饵料。钓饵可以分为动物性钓饵、植物性钓饵、粮食性钓饵、水果类钓饵、模拟钓饵等。

◆ 万能钓饵

蚯蚓又称地龙、曲鳝，多生长在比较潮湿、肥沃的疏松黑泥中。蚯蚓是动物性钓饵中名列第一的钓饵，因为大多数鱼类都喜欢吃它，因此被钓鱼界称为万能钓饵，鲫鱼、鲇鱼、鲢鱼、鳜鱼、鳊鱼、鲤鱼，甚至甲鱼、黄鳝都爱吃蚯蚓，所以，一提到钓饵，钓鱼者首先想到的就是蚯蚓。在所有蚯蚓中，又以红色小蚯蚓最受鱼儿喜爱。这种小蚯蚓身体为红色，体长仅5～10厘米，其特点是肉质嫩、蛋白质含量高，而且有一股特殊的腥香气味，鱼儿在较远处闻到这种腥香味，就会很快赶来。此外，有一种深绿色的蚯蚓，具有腥臭气味，对鳜鱼、鲇鱼等多种鱼类都有特殊的吸引力，也是钓饵的上佳品种。

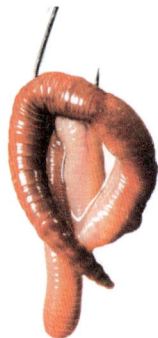

◆ 动物性钓饵

动物性钓饵有人称为荤饵，用小动物的躯体或某一部位的肉制成。更具体地说，动物性钓饵就是将某种小动物穿在钓钩上做诱鱼上钩的材料，如用小青蛙作为钓饵。可以作为钓饵的小动物品种繁多，各种鱼所喜食的小动物不尽相同，但也有些小动物是多种鱼都喜欢摄食的。

● 昆虫类钓饵

昆虫是一个品种极多的庞大类群，其中许多种都是鱼类爱吃的食物，也是垂钓时可用的好钓饵。常见的有菜虫、米虫、螟蛾、苍蝇、红虫、油葫芦、蛴螬、面包虫、蟋蟀、蟑螂、蚱蜢、土蚕、蝗虫、蜻蜓、天牛以及各种蛆虫。不论哪种昆虫，也不论昆虫处于哪个成长阶段，都是各种鱼类喜食的佳饵，属于上等钓饵。

🔵 鱼虾类钓饵

肉食性的各种鱼类，大多具有生性凶猛、个体较大、气力充足、行动敏捷等特点，它们的食物也以较小的鱼和虾

等水生动物为主，如青鱼、鳜鱼、鳡鱼、狗鱼、乌鱼、鲶鱼、鲈鱼、哲罗鱼、大马哈鱼、翘嘴红鲌鱼等，都是见了较小些的鱼就去大口吞食的。至于虾类，更是肉食性鱼类的美食佳肴，不论是白虾、米虾、青虾、毛虾、葛氏长臂虾、对虾还是龙虾，只要被这些鱼发现，就会拼命追逐，直到捕获吞食为止，所以用虾做钓饵，是很有效的。

🔵 贻贝类钓饵

生长在水中的动物，除了鱼、虾之外，还有许多种带有硬壳的水生动物，也是鱼儿喜欢摄食的。这些水中生长的小动物，有一个共同的特点，就是有很重的腥气，所以鱼类特别喜欢摄食。这些水生动物有河蚌、河蟹、螺蛳、贻贝、蚶子、牡蛎、扇贝、青蚬、蛏子、文蛤、西施舌等。

实用钓饵制作配方

养鱼塘钓饵制作配方

（1）配方：玉米面100克，面粉30克，蜂蜜20克，山岱酒10毫升，水适量。

（2）制作方法：将玉米面、面粉、蜂蜜放在容器里，倒入温水搅拌，使其呈大小均匀的颗粒状，随即上锅蒸约5分钟，出锅晾凉至不烫手时，加入山岱酒并用力揉搓即成。

（3）说明：该钓饵黏性大，韧性好，耐水泡。塘养鲫鱼特别喜食这种饵料。

枸杞子钓饵制作配方

（1）配方：干枸杞子100克，优质曲酒300毫升，白糖适量。

（2）制作方法：将干枸杞子放入曲酒中泡软，再加入适量白糖搅匀，腌制20小时以上即成。

（3）说明：钓大鱼时，用大钩横穿3~4粒枸杞子。钓小鱼时用小钩，顺穿1粒即可。该钓饵适宜在各种淡水水域使用，但钓肉食性鱼时不宜用此饵。该钓饵宜瓶装密封，四季皆可用。夏天可存放2个月左右。

嫩玉米粒钓饵制作配方

（1）配方：鲜嫩黄色玉米粒400克，优质高粱酒400毫升。

（2）制作方法：将鲜嫩玉米粒用刀切去根部，装进螺纹口瓶内，倒入高粱酒浸泡，拧紧瓶盖密封保存。

（3）说明：该钓饵能有效地防止小鱼闹饵捣乱。鲤鱼、草鱼对嫩玉米粒都很钟爱，鳊鱼和大鲫鱼也对其十分感兴趣。该钓饵密封置冰箱保存数月不会变质，一年四季均可使用。

🔸 蚯蚓芝麻钓饵制作配方

（1）配方：鲜活红蚯蚓20条，芝麻50克，面饵适量。

（2）制作方法：将蚯蚓焙干研成粉，芝麻研碎，分别装于小瓶内。钓鱼时，取上述两种粉与面饵糅合在一起即成。

（3）说明：装钩时，取少许钓饵，用手捏成黄豆粒大小装钩。该钓饵上钩率很高。

🔸 豆粉钓饵制作配方

（1）配方：黄豆500克。

（2）制作方法：将黄豆入锅用文火炒出香味，晾凉后磨碎过筛，筛出的细粉装瓶备用。

（3）说明：下钩前，先把钓钩用水浸湿，然后放在盛有豆粉的瓶内滚粘一下，再湿一次钓钩，再滚粘一下豆粉，如此反复4~5次即可下钩垂钓。该钓饵用量少，携带方便，装钩省事，每次出钓都可以带一些备用。其他面团钓饵装钩后在豆粉中滚粘一层，也能增加鱼的咬钩率。若用蜂蜜代替水与豆粉调制成蜜丸，用于在养鱼塘钓鲤鱼，效果甚佳。该钓饵也是垂钓底层杂食性鱼的佳饵。

🔸 麦粒钓饵制作配方

配方1

（1）原料：麦粒300克，蜂蜜适量。

（2）制作方法：先将颗粒饱满的麦粒用清水淘洗干净，再用温水浸泡，其间不要换水，泡至接近发芽时捞出下锅，加适量清水用文火煮至麦粒表皮略有裂纹时捞出。将捞出的麦粒放小盆内，趁热加入适量蜂蜜，搅拌均匀即成。

配方2

（1）原料：麦粒300克，曲酒200毫升。

（2）制作方法：将颗粒饱满的麦粒用清水淘洗干净后，用温水浸泡，其间不要换水，泡至接近发芽时捞出下锅，加适量清水，用文火煮至麦粒表皮略有裂纹时捞出。将捞出的麦粒装入瓶内，加入曲酒，拌匀浸泡即成。

◆ 粮食性钓饵

● 馒头

撕下一块馒头，将其捏实，变成结实的面块，即可上钩垂钓，可用来钓草鱼、鲮鱼、鲤鱼、鲷鱼和鲫鱼等。但馒头有个缺点，由于它是疏松的，入水浸泡几分钟就碎了。有些钓鱼者将馒头切成约1厘米见方的小块，放在麻油内煎成金黄色后再垂钓，这样在水中浸泡的时间可以久些，再加上麻油能散发出香气，对鱼的吸引力会更大些。

● 玉米粒

以黄色硬粒型的玉米做钓饵较适宜。以鲜嫩的玉米生粒挂上钩，可钓鳊鱼和草鱼等；若用较老的玉米粒煮熟为钓饵，用手竿或抛竿做沉底钓或悬钓，可钓到鳊鱼、鲤鱼、草鱼和青鱼等；如将玉米粒晒干碾成粉粒，可作为很好的诱饵；用玉米粉和其他各种粮食粉末混合，可制各种良好的钓饵。

● 山芋

山芋又称地瓜、番薯、红薯、白薯。夏天，用山芋的嫩茎和嫩叶做钓饵，很适合钓草鱼、鳊鱼。山芋的块根，含有丰富的淀粉和维生素，能分泌出糖分，鲜甜可口，可作为在秋、冬两季垂钓淡水鱼的好钓饵，尤其是垂钓大中型青鱼、草鱼、鲤鱼的上等钓饵。若选用红皮黄心山芋做钓饵，还可钓到鲫鱼、鳊鱼、鲷鱼、鲌鱼和鲮鱼。将山芋蒸8～9分熟，用刀切成1厘米见方的块，晾至半干，放进麻油或白酒中浸泡2～3小时后取出做钓饵，鲤鱼特别喜欢吃。另外，还可将山芋煮熟后剥去外皮，放些面粉和白酒调和（也可用麻油调和），捏成大块晾至半干，垂钓时取一些搓成圆团装上钩，可钓到鳊鱼、草鱼和鲫鱼。

🔶 水果类钓饵

⚬ 香蕉

　　香蕉色彩鲜黄、香气清幽、滋味甜糯，不仅人类爱吃，鱼类也很爱吃。用香蕉做钓饵有以下几种方法：一是以香蕉皮作钓饵。香蕉皮人是不吃的，但能作为鱼的饵食，用它作钓饵，是废物利用的好方法，用不着花一点儿钱，又容易获得，很值得提倡和推广。利用它作钓饵的具体做法是将香蕉皮剪成1厘米左右的方片或长方条，将1~2片挂在钩上，微露钩尖即可入水垂钓。二是以香蕉肉作钓饵。将未熟透的香蕉肉（未熟透的有硬度和韧性，熟透的挂不住钩）切成1~1.5厘米见方的块，将钩尖慢慢旋转刺入，只让钩尖微微露出即成。三是制成蕉肉面饼饵。将香蕉肉捣烂，掺入和蕉肉同量的面粉和芝麻粉，加少许水调和蒸熟，待凉后搓成直径约1厘米大小的圆粒后，即可上钩垂钓。香蕉做饵香甜可口，鱼儿爱吃，上钩率不错。

⚬ 草莓

　　草莓颜色鲜红，维生素C含量很高，口味酸甜，且具有清香气味，色、香、味俱全，对鱼儿有很强的吸引力。用草莓做钓饵有两种用法：一种是直接采摘半熟的草莓装钩垂钓；二是将熟透的草莓捣烂，加入少许面粉调和，成为浅红色、有香气、有酸甜味的钓饵，在鱼钩上也能挂得牢，鱼的上钩率不差于其他钓饵。

⚬ 菠萝

　　菠萝果肉色泽金黄，清香宜人，而且酸甜可口，用作钓饵，对鲤鱼、草鱼等杂食性和素食性鱼类有很大的吸引力。垂钓时，可将菠萝肉切成1厘米见方的块，将钩穿入至微露钩尖，下钩垂钓，一般效果都很好。在非菠萝上市的季节，用罐头中取出的糖水菠萝做钓饵垂钓，效果也很理想。

模拟饵

模拟饵又称假饵，之所以称为假饵，是因为它根本不是鱼儿可以吃的饵料。它是模仿各种鱼类喜欢吃的小动物的外形，如小鱼、小虾、苍蝇、蚯蚓以及水生小动物，用人工方法制作而成的。其原理就是利用鱼类视觉、触觉上的缺陷，引诱其上钩。模拟饵的品种很多，其中绝大部分由天然或人造的羽毛、皮毛、塑料薄膜、碎布片、金属、软木料、泡沫塑料颗粒等材料制成。一般可以制成虾形、鱼形、泥鳅形、苍蝇形、青蛙形、毛虫形、蚯蚓形、鼠形、蛆形等，以引诱那些以肉食为主的鱼类上钩。因为生性凶猛的肉食性鱼类大都有一种共同的习性，就是见到它所爱吃的小动物饵食后，不会去识别真假、好坏，而是像饿虎扑羊似的猛冲上去，大口将饵食吞食进去，这就正好达到了使用模拟饵的垂钓者的目的。

教你一招：怎样选择钓饵

要想钓到鱼、多钓鱼，选择好的钓饵是关键。什么是好钓饵？好钓饵就是所垂钓的鱼喜欢吃的饵料，而不在于其价格的高低或制作的精细。通常，选择钓饵时要考虑以下因素：一是根据鱼的食性选饵。要想钓到鱼，必须使用鱼儿爱吃的饵料。不同的鱼都有自己爱吃的饵料，没有一种饵料能适用于所有鱼类。二是根据气候选饵。气候的变化，水温也随之变化，从而使鱼的摄食特性也发生很大变化。春、秋季鱼喜欢荤饵，而在夏季则偏向于比较清淡的素饵。三是根据鱼的摄食习惯选饵。鱼的食性虽然不是一成不变的，但一旦习惯形成，就很难改变。如常吃豆饼的鱼类，若用别的饵料做钓饵，就很难钓到；若多用猪粪、牛粪喂鱼，则鱼对这些饵料最感兴趣；若多用鸡、鸭粪喂鱼，那鱼类对鸡、鸭粪情有独钟。因此，有经验的钓鱼者每到钓场后总不急于抛饵下钩，而是先向当地百姓请教塘中鱼的种类、大小和喂食的鱼饲料等，然后再有的放矢地进行垂钓。

第五章

夯实基础：常用的钓鱼方法

同样一根钓竿，同样一份鱼饵，有的人就能钓到鱼，有的人却是两手空空，这不是因为后者"运气不好"，而是因为"技术不佳"。从徒劳无获，到鱼获满满，有时候只需要有经验的人给你指点一二。

手竿底钩钓鱼方法

🏷 手竿配长线底钩钓鱼

　　这种钓法选用的钓线一般与钓竿等长或稍长于钓竿，线径宜用0.25毫米以上的，拴伊势尼7号以上的鱼钩，宜配单体浮漂，饵钩落水沉底后，浮漂应呈直立状，露出水面2～3厘米为宜。这种钓法适宜在无水草的水域垂钓。垂钓前要选好钓点，撒饵做窝，下钓时应使钓钩准确落入钓点，通常采用甩投方法（见钓鱼技巧篇中手竿的投竿技巧与方法）将钓钩抛向钓点，甩投时要把握好力度。装钩饵料，根据具体情况，选用荤饵、素饵均可。浮漂微微跳动或上升再下沉，表明有鱼咬钩，应及时提竿，先快后慢，不要用力过猛，以免钩上大鱼挣扎断线脱逃。手竿配长线进行底钩的优点：一是便于装钩、脱鱼，远近都可以投钩，对提高上鱼率有好处；二是落钩离岸远，容易钓到大鱼，长线也可减缓大鱼挣扎时对钓线的拉力；三是钓到大鱼时便于遛鱼。

🏷 手竿配短线底钩钓鱼

　　这种钓法所用的钓线一般比钓竿稍短，线径宜用0.18～0.20毫米的，拴伊势尼3～5号鱼钩，配单体漂或多体漂均可，适于在不太深的淡水水域垂钓。垂钓时不需用竿，只要伸出钓竿至钓点上方，直接将饵钩落入水中即可。其优点：一是饵钩垂直入水，能准确落入钓点位置；二是垂钓者可随时轻轻上下提动饵钩，诱鱼咬钩；三是适于在芦苇塘、草滩及水草繁茂水域有水草空隙处作为钓点，垂钓鲫鱼等小型鱼类。此法不适宜钓大鱼。

浮钩钓鱼方法

🔸 手竿浮钓

所谓浮钓，就是饵钩不沉入水底，而是悬浮于水体的不同层次的垂钓方法。当需要钓中上层鱼或遇闷热天气、水底缺氧鱼浮头时，一般应进行浮钓。用手竿浮钓，有用浮漂和不用浮漂两种。

（1）用浮漂法。垂钓草鱼、鳡鱼或500克以上的鳊鱼时，宜用长竿长线，线径在0.35毫米以上，拴伊势尼7号以上大钩，用塑料空心球漂或木质立漂。垂钓时，在距钓钩上方20～30厘米处拴上大浮漂，可根据垂钓对象的喜好选择适合的钓饵，如小鱼、菜青虫、菜叶、嫩草叶、蚂蚱等。当饵钩投入钓点后发现浮漂急速下沉时即可提竿。

浮漂法浮钓示意

（2）不用浮漂法。大部分垂钓者喜欢用有浮漂钓法，因为它直观，鱼是否咬钩很明显，并且垂钓深浅也容易控制。但有时受钓点的限制，则无须浮漂。不用浮漂钓法，钓线不宜长，一般只是钓竿长度的一半即可。在有大片水草和浮萍的水面，将大浮漂伸过去会把鱼吓跑，因此不宜使用浮漂。垂钓者要善于寻觅，发现鱼儿在水草下面吃食时所发出的"唧唧"声，以及水草被鱼儿拱动的现象，来判断鱼儿所在的位置，然后轻轻地将饵钩伸过去，使其沉入水中20～30厘米处，引鱼咬钩。尽管没有浮

不用浮漂法浮钓示意

漂，但是垂钓者靠手感和观察钓线的动静，就能得知鱼是否咬钩。鱼一旦上钩，立即提竿即可获鱼。如果饵钩伸过去后一时半会儿没有鱼咬钩，可将露出水面的钓线放在水草上面，待发现钓线被拉入水，就表明有鱼咬钩，应立即提竿拽鱼。

◆ 投竿浮钓

在水面广阔的静水水域，可使用投竿进行远投浮钓，为能将饵钩甩投得更远一些，一般应选用重量稍重的坠子，并配以浮力相当的塑料或木制活动浮漂。饵钩甩投出去后，即可慢慢收线，饵钩随线在水中徐徐移动，以引鱼咬钩。或者在饵钩甩投后不收线，任凭其随风浪漂浮，等鱼咬钩后再收线。在流水水域浮钓，一般不用甩投饵钩，只要在水域的上游下钩，让浮漂带动饵钩顺流而下漂到深水区，然后慢慢收线，同时有节奏地将钓竿提起、放下，使饵钩在水中波浪式地移动，以诱鱼咬钩，咬钩后立即收线。

空钩钓鱼方法

垂钓者经常会碰上这样的事，在打好的鱼窝中明明有大鱼星往上冒，可任你绞尽脑汁，想尽办法，反复用各种各样的钓饵，这些大鱼却大模大样地在你投下的窝子里摄食，丝毫不光顾送上嘴边的钓饵。待窝中没有动静了，刚续好窝，大鱼星又冒上来了，试遍各种钓饵，它还是不理你的茬。眼看着大团的鱼星，很是舍不得放弃，但又很无奈。对付这些经验丰富的大鱼，有人总结出了空钩钓法。空钩钓是专门用来钓青鱼、鲤鱼、草鱼等大型鱼类的一种特殊钓法。

空钩钓鱼宜用怎样的钓具

钓竿为一般常用手竿，钓线宜粗，直径为0.35~0.4毫米，主线宜短，钩组较为特殊，选小型面宽的钓钩5~7枚，用5厘米长的钓线每线各拴一只钩子。再用直径1毫米的钢丝做一只直径1厘米的圆环，将拴钓钩的子线都系在圆环上，再用细线把子线分布均匀地固定在钢丝环上即可。

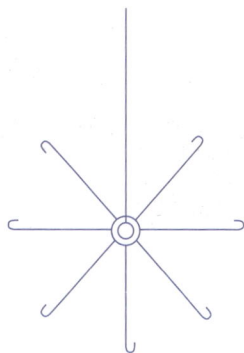

空钩钓鱼宜用怎样的饵料

空钩钓仅用诱饵，不用钓饵。诱饵以炒香的玉米面、麸皮，拌以碎米、菜籽饼、稻谷、玉米等为原料，要注意掺和硬粒的稻谷、玉米、粳米等，它们的作用是

稻谷+玉米+粳米

在鱼嘴中掩护空钩，使之不被发觉。将这些饵料加水和成拳头大小的团子打窝子，窝点范围不能大，一个点下2~3个团子。饵料下水后务必集中，不可撒成大片状。

怎样进行空钩钓鱼

这种钓法与传统钓法最大的不同点是，传统钓法要等发窝后才下钩，而空钩钓法则是打完窝后立即下钩。具体的操作方法是，将钩组下水，下钩的速度宜慢，要把环形空钩准确地放在饵团上方的中心位置，如炸弹饵化开时的状态。大鲤鱼、草鱼、青鱼等在摄食时，总是大口大口地吸食诱饵，不经意间常常会把一两只小钩吸入口中。这时浮漂一般有3种动作：抖动、上顶或下沉，动作都较小，只要发现有其中一个动作，都可以立即抖竿起钩。因为这些大鱼比较狡猾，如果动作稍慢，当它发觉上当受骗吐出钓钩时就晚了。一旦吐出钓钩，大鱼在此窝就再也不会摄食了。

提钩钓鱼方法

这种钓鱼方法是笔者在一次偶然的机会中发现的：一次外出看望朋友的途中，经过一个湖边，看见有两位老人正在钓鱼。当我走近观看时，却发现他们竟采取一种我从来没有见过的奇特钓法——这两位垂钓者都是用无饵的空钩在钓鱼！

他们的钓法和普通的钓法不同：他们把钓钩放入水中后，让它沉下去，待到浮漂显示出钓钩已沉到底时，只略微抖动两下，就立即起钩。将钓钩拎起10～20厘米（距离湖底）后，又重新将它放下沉入水底，如此不断地反复进行着。经过和这两位垂钓者的攀谈与请教，得知用这种钓法不仅可以钓到鲫鱼，还可以钓到鳊鱼、鲌鱼、鲶鱼和较小的草鱼等，很是神奇。在这里也将此种钓法的特点以及和传统钓法的异同点如实介绍，以飨有兴趣的钓鱼爱好者。

塑料粒

提钩钩示意

提钩钓鱼宜用怎样的钓具

这种钓法所用的钓竿和传统钓法所用的钓竿没有什么两样，竿的长度和粗细也都是相同的；钓线是普通的0.8～1号尼龙线，线的长度也和竿的长度差不多，为3.6～4.0米；钓钩也是普通常用的小型鱼钩。所不同的只是钩柄似乎比一般的长一些，在钩柄上靠近铅坠的下方，固定着一个比黄豆略小一些的白色塑料颗粒。

怎样进行提钩钓鱼

与传统钓法显著不同的是在垂钓的操作上：他们先将钓钩放入水中，待沉底后抖动几下又立即提钩，不断地反复进行，就在这起钩的一刹那，会有鱼儿冲上来急匆匆地将钩吞入口中而被钓上岸来。

溪涧钓鱼

溪涧钓鱼的地点选择

溪涧大多在山脚下的低洼处，因山水顺流而下形成，溪水一般皆流入大河、大江或大湖泊，根据山势陡峭程度不同而流速也不同，有的水流比较湍急，有的水流则较为平缓。水流湍急处不宜下钩，这样的地方很少有鱼上钩，因为在快速的水流中鱼儿无法停留觅食，只有在水面较宽、水流平缓的浅水处，鱼儿才喜欢停留下来栖息游弋和觅食，这样的水域就是较好的下钩处。不过，水流平缓处并非都适宜下钩，还应该注意水的深度，溪涧中的水大多很浅，过浅的溪段也不适于钓鱼，一般需要选择水深1~2米、水域宽阔些的溪段作为打窝点。此外，溪流沿岸靠水处长有树木，特别是有树根、水草和浮游生物的溪段，是鱼儿停留栖息和觅食的水域，也是比较理想的打窝点和下钩处。还有，溪流的水一般最终都要流入湖泊或江河，如果能找到溪流流入江河或湖泊的进水口，这样的水域附近所形成的水湾洄水处，水面较宽，水底比较平坦，水深较适于垂钓，是不可多得的下钩的好地方。

溪涧钓鱼所用的钓具

　　溪涧钓鱼所用的钓具，应和池塘、水库钓鱼有些不同。溪流中一般以中小型鱼为主，加上水有一定的流动性，因此所用的钓具应以轻、细、小为宜。钓竿可用4~5米长的软竿，钓线可用0.6~0.8号的细线为好。

小贴士

　　在溪流中，有多种野生鱼种，其中以鲦鱼、鲶鱼、泥鳅为多，食性也很杂，有的爱吃素饵，有的爱吃荤饵，所以钓饵需要多备几种，可交替着使用。必须注意的是，深秋及冬季、初春，溪流中一般很难钓到鱼，每年只有夏季多雨时，特别是涨水时期，溪水旺涨，才能钓到较多的鱼。

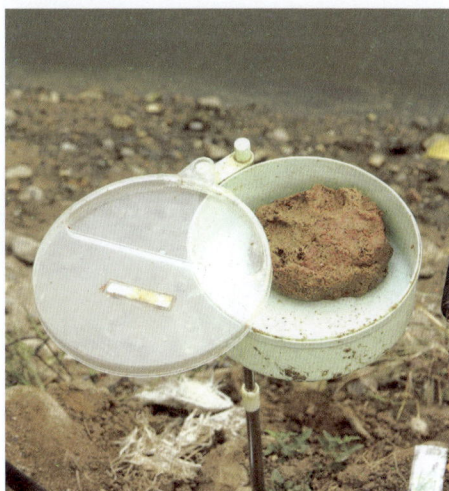

荤饵　　　　　　　　　　素饵

浅滩钓鱼方法

　　浅滩钓法是在气温适中的季节，钓鱼者站立在溪流、江河近岸浅水中垂钓的一种钓法。此法在中国中部和南部采用者较多，北部采用者很少。其实，在气温不低的季节，北部也可采用。此种钓法不仅适于在溪流、江河近岸浅滩处垂钓，也适于在池塘的较浅静水中进行，且效果都相当好。

　　在垂钓时，钓鱼者挽起裤腿，光着脚站在浅水中下钩，由于双脚在水底踩动，把清水搅浑，使泥沙泛起，可使鱼认为是食物来临，以此引鱼上钩。而且，人在水中踩动，确实会搅动栖息于泥沙中的微生物，还能使小鱼、小虾等水生动物闻到人身汗味而聚拢过来，从而引诱大鱼前来捕食，为钓鱼者钓获大鱼创造出有利条件。

　　据常用浅滩钓法的老行家说：钓鱼者脚踩在水里，能散发出一种对鱼类吸引力很大的气味，可使许多鱼在钓点附近来回游弋，不肯离去；如在站立的水域前再打个诱窝，对鱼儿就有双重的吸引力，使其成群地集聚在钓点附近，从而使垂钓收到极好的效果。这也是为什么许多钓鱼者乐于采用踩滩钓法的原因所在。

钓鱼经验谈：浅滩踩滩钓法需注意的五点

1. 踩滩钓鱼者立在水中垂钓时，要手持钓竿聚精会神地观察水情和鱼情，体力和精力的消耗都很大，易疲劳。因此，垂钓时间不宜过长，应根据自身的体力和精神状态，及时收竿休息，避免损害健康。

2. 踩滩钓法的采用季节，以夏季最为适宜，若在春、秋季进行，不仅不利于身体健康，而且因为水温低，鱼儿很少出来觅食，垂钓效果也不会好。这一点，北方钓鱼者应特别注意。

3. 踩滩钓法适宜在有水草的泥底浅滩进行，以便钓鱼时搅起泥沙，让水变浑浊，以使鱼儿放松警惕，吸引鱼儿前来觅食；但踩滩钓法不适于在沙石滩或以岩块、鹅卵石为底层的水域进行，因为它没有泥沙可搅浑水的底层，效果不好。

4. 用踩滩法垂钓时，应在顺风一侧进行，因踩动泥底时搅起的泥浆水可受风浪推动，正好扩散至钓点上，起到引鱼觅食的作用，垂钓效果较好；若在逆风一侧下钩，则效果很差。

5. 在江南一带土地肥沃地区的浅水滩用踩滩法钓鱼时，要注意这一带水中蚂蟥（水蛭）较多，宜穿高筒靴或特制的橡皮连鞋裤以避免遭其叮咬。若已被蚂蟥叮上，不必惊慌，只需用手在被叮咬的位置周围连续拍打，它就会慢慢退出；切不可急用手去拔蚂蟥，否则，会将其拔断，比较麻烦。

包钩钓鱼

包钩钓鱼是一种用各种粮食的面末调上米酒或香精等香料，生捏或熟捏，制成花生米大小的颗粒作为钓饵，将整个鱼钩完全包裹起来的钓鱼方法。这种钓法适用于那些鱼的警惕性很高的水域，鱼警惕性高的水域一般水质好，水体透明度很高，鱼儿看见钓钩就不肯上前吞食，在这种情况下只能使用包钩钓法。

包钩钓法的优点

包钩钓法的优点有三方面：一是用素饵包裹起来可以避免警惕性高的鱼儿见钩生疑，不肯前来吞食；二是这种用面粉制成的饵料，沉到水中不久后会自行溶解，形成窝子，既可诱鱼来到窝子附近水域，又能在鱼吞钩时钓到鱼，起到诱、钓合一的作用；三是这种素饵香味足、适口性强，能吸引鱼来吞食。

用包钩钓法需注意些什么

使用包钩钓法钓鱼时，需要注意以下几点：制作素饵时，必须加进米酒或香精等物，使钓饵有较强烈的香味，富于诱惑性。垂钓时钓鱼者必须专心关注浮漂动静和信号，发现浮漂轻微抖动或微起微落时，就立即起竿，不可贻误时机。使用包钩钓法的水域，鱼的警觉性是特别高的，钓点附近要严格避免脚步声和说话声。当阳光从钓鱼者的身后照射下来时，要变换角度，不可让身影落入水中，否则，鱼儿看见水中人影，就不会接近钓钩。

夜晚钓鱼

许多鱼类都具有趋光性，夜间爱到有光照射的水面去觅食，因此，夜晚钓鱼也会大有收获。夏末秋初，水温在27℃左右，微风习习，月朗星稀，是夜钓的黄金时间。夜晚钓鱼如采用抛竿钓，不管是串钩还是炸弹钩，钓饵投入钓点后收紧钓线、挂上铃铛，铃响提竿即可。如采用手竿钓，钓具与白天基本相同，只需将浮漂改为夜光漂。

借助灯光钓鱼

在一些岸边有路灯、探照灯等照射的水面，往往有各种趋光性的昆虫飞舞，昆虫不时落水，引来游鱼捕食，如在此处下钩，就能钓到游鱼，甚至可以钓到大鱼。夜钓上层鱼时，可选用中型钓钩，不用砣，钓线选用负荷大一些的，宜用大型鹅毛浮漂或用乒乓球做浮漂，浮漂距钩15厘米左右。垂钓时，多用蚱蜢、蝼蛄、飞蛾等做钓饵，不用撒诱饵做窝，只要在有灯光照射的水面，将饵钩抛向离岸稍远的水里，然后左右轻轻摆动向近岸处拖，重复此动作即可。有鱼咬钩时手感沉重，就可提竿取鱼。如遇大鱼，也同白天一样要遛鱼，待鱼精疲力尽方可取鱼。夜钓下层鱼时，要用白色的诱饵如米饭等打窝，且用量要大。钓具可用钓鲫鱼的普通钓竿，钓饵可根据鱼喜食情况选用。

🔶 利用马灯钓鱼

夜间水域岸边如无照明灯时，垂钓者可利用马灯人为地制造灯光效应。垂钓时将马灯悬挂于距水面15～20厘米的地方，这时，趋光性昆虫便接连飞来，在灯旁飞舞，不时有昆虫掉入水中，引得水下的鱼儿成群结队地前来抢食。钓鱼者可在马灯下用昆虫投钩垂钓，在水面上下点击饵钩，作飞蛾扑水状。或将饵钩投入水下30～50厘米，拎起又放下，使鱼儿以为是活的昆虫而游过来吞食。这种钓法，不需要浮漂，凭手感提竿。

🔶 利用手电光钓鱼

方法是在傍晚提前选好钓点，打好窝子，窝子里要多撒一些饵料，钓点选在码头附近为佳。使用鲫鱼钓具，下饵钩后，手电筒光柱要照在浮漂前面一些，这样不反光，能看清浮漂。看漂、提竿同白天钓法。有的人不用手电筒，而是用一只小电珠安在钓竿的前端，用细电线连接，在钓竿基部接上干电池，以手控制电珠的明灭进行照明垂钓。

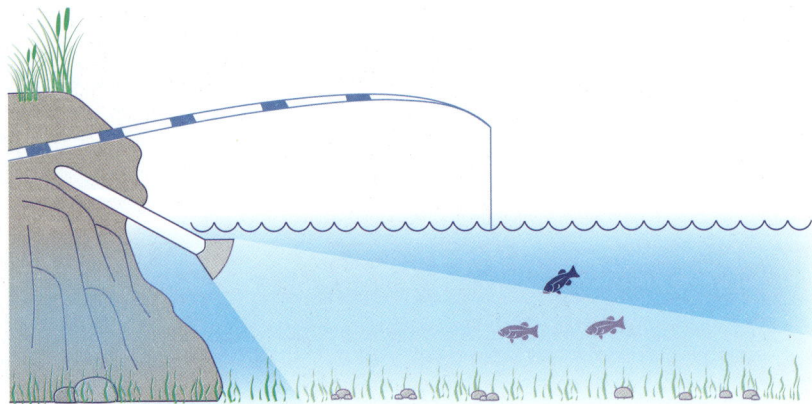

第六章

事半功倍：钓鱼进阶技巧

装上钓饵、把钓饵投入水中、等待着鱼来上钩，这些不太需要技术的环节，新手一般都能照着钓鱼老手的样子学会。但是在垂钓的各项操作中，有很多技巧和经验是钓鱼新手不大容易掌握的，包括何时提竿起钩、如何看漂、如何判断鱼情等，需要垂钓老手传授更多的经验。

判断鱼情

🔷 根据水色判断鱼情

🔴 水色呈浅黄、橙黄、青黄、黄绿或黄白色

　　水色呈浅黄、橙黄、青黄、黄绿或黄白色的水体，含有较多鱼儿所需的食物，鱼儿在这样的水体中感觉舒适，比较活跃，食欲也较好。在呈现以上几种颜色的水中，含有较多的水生植物，如金藻、黄藻、绿藻、蓝藻、硅藻等，是鲤鱼、鲫鱼等较为喜爱的食物。其中，呈青黄色的水体中，藏有较多的草鱼，呈浅黄、橙黄的水体中，则鲤鱼较多。

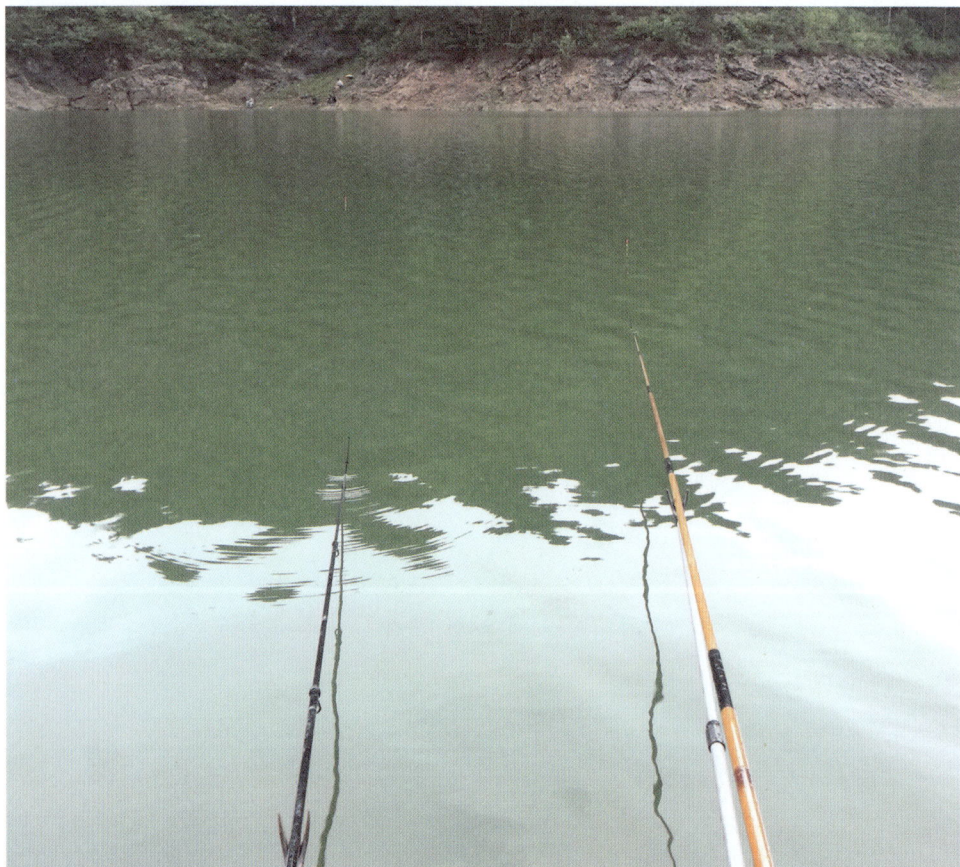

水体呈褐色

水体呈现褐色或混有泥浆，这样的水过分浑浊，水中能见度太差，鱼儿不易发现食物。鱼儿大多不适应这样的生活环境，会游到其他较为适宜的水域去栖息，因此，这样的水域不适于垂钓。即使有鱼，把钓饵放进水中后，鱼儿也很难看见钓饵，垂钓效果不好。

水体呈褐绿色

水体呈褐绿色，这是由于水体中有机物含量太高，浮游生物太多。在有些养鱼塘中，饲养者会投入人畜粪，微生物大量繁殖，使水色变成墨绿或褐绿色，甚至水面上还漂浮着一层黑乎乎的杂质，几乎隔断了空气中的氧气，使水中缺氧，这样的环境会使鱼感到不适，没有食欲，动作迟钝。这种水域俗称水质过肥，而且这样的水中食物很多，鱼儿不饿，即使看见钓饵在水中晃动，它也不太有兴趣来咬钩。在这种水域垂钓，很难有好的效果。

教你一招：根据水体判断鱼情

水体呈青黄色常表明这种水域可能栖存有较多的草鱼；水体呈淡黄色，常表明这种水域可能栖存有较多的鲤鱼；水体呈黑紫色，水面上漂浮着一层深色的油污等杂质，并散发出难闻的腥臭气味，这样的水域水质受到了严重的污染，不可能有鱼儿生存；水色完全透明、清澈见底的水域也不适于垂钓，这种水体中藻类植物和微生物含量极少，不能为鱼儿提供足够的食物，即使有鱼生存数量也极少。此种水体不适于垂钓还有一个原因：在这种清澈的水中，鱼儿可以清楚地看见钓竿、钓线，而且还能看见岸上钓鱼者的身影，它会躲避得远远的，结果可想而知。

◆ 根据水面情况判断鱼情

鱼类在水中活动与觅食，必然会在水面上产生各种反应，垂钓者可通过观察这些反应来判断水中的鱼情。

◐ 看水面气泡判断鱼情

水面气泡俗称沫子或鱼星，是鱼在底层觅食时吐出的气泡浮到水面所致。鱼越大，气泡越大，气泡上浮速度越慢。鲫鱼是单泡或3~5个泡，每个泡黄豆大小；鳊鱼是单泡或连升两个小泡，上升速度较快；草鱼、青鱼冒泡大小不一，数量较多，常连成片；鲤鱼吐泡多，连成串，形成泡团。总之，水面星子多说明水里鱼多。但要注意鱼泡与自然气泡的区别。自然气泡一般是水底沼气所致，一般出水即破，没有动感，成串冒出，持续时间长。而鱼泡冒出则没有规律，不会立即破裂。

◐ 看水面动静判断鱼情

一是看水面波纹。若有浮鱼游动，水面会起微波；底层鱼游动，有时会掀起涡旋波。二是看水面有无水花。有鱼的水面一般不会太平静，往往会有水花。水花多、水花大，说明鱼多且有大鱼；水花少、水花小，则说明鱼少且小。

◐ 根据水草表相判断鱼情

一眼看去，若水草叶片残缺不全或有的只剩茎秆而无叶，说明有鱼咬食，草鱼和鳊鱼特别喜欢咬食水草。

◐ 通过嗅和听来判断鱼情

水中鱼多，走到水边就能随风闻到阵阵腥味，仔细听，有时能听到鱼在草丛中拱草或咬草的声音。

根据水面气泡（鱼星）识别鱼类

鱼不是通过肺呼吸的，而是通过口腔不断地吸水，水流经过鳃丝，由鳃小片上的毛细血管来摄取水中的氧气，并把体内的二氧化碳通过鳃小片排入水中，从而完成呼吸过程的。

当鱼儿发现食物并准备摄食时，它必须把鳃盖关闭后再张开嘴，在张嘴时，口腔内就会形成一个含气体的空间，由于这种气体比水轻，在水的压力下，就会化做气泡从鱼口中释放出来。气泡缓缓地浮上水面，并自行破灭，这种气泡就是鱼星。

地星和鱼星的区别

所谓地星，是由水底淤泥中的沼气释放形成的。地星小的如绿豆，中等的如珠子，大的比乒乓球还大，初学垂钓的钓鱼者，很容易把地星与鱼星混淆起来，因此，有必要加以区别。地星和鱼星的主要区别有以下四点。

1. 地星上升至水面时会很快破裂，而鱼星则在水面上较长时间不破。

2. 同一水域地星大小相近，冒出的位置固定，不移动，间隔时间相近，而鱼星有大有小，位置不固定，并朝某一方向移动，间隔时间也有长有短。

3. 当有外界干扰时，如汽车路过、大声说笑、打击水面等，地星仍按原来状况冒个不停，而鱼星受干扰后会即刻停止。

4. 由于淤泥中气体较多，当它们冲破淤泥层时，即会来一次地星爆发，形成间歇性喷泉状气泡，气泡一串串冒出水面，而鱼星的数量则远不及地星。

鱼星与地星的区别

状况	地星	鱼星
在水面破裂时间	快	慢
位置	固定	移动
间隔时间	相近	长短不一
受外界干扰后的反映	无反应	消失
数量	多，成串成团	少

🔖 不同鱼类的鱼星分辨

🔹 鲤鱼的鱼星

鲤鱼的鱼星细而密，有大有小，成团出现，在水面形成一片，并伴有浊水、杂屑等，移动缓慢。

🔹 鲫鱼的鱼星

鲫鱼的鱼星小而少，大小一致，三三两两，如同珠子，比绿豆小，大多数是单个的，悠悠上升，位置不固定。

🔹 草鱼的鱼星

草鱼的鱼星较大，成串放出，大泡中夹杂小泡，较鲫鱼鱼星大而多，但不及鲤鱼鱼星多。

🔹 鳊鱼的鱼星

鳊鱼的鱼星小而分散，一般呈黄豆大小，陆陆续续冒出水面。

🔹 青鱼的鱼星

青鱼的鱼星位置变换没有规律，鱼星中除小碎星外，总有数个大泡掺杂着长短不齐的植物碎屑同时浮出水面，一般泛起一二片鱼星即消失。

🔹 鲶鱼的鱼星

鲶鱼的鱼星呈条状，密密麻麻，又细又多，不断移动。

🔹 黄鳝的鱼星

黄鳝的鱼星是黄鳝头伸出水面呼吸时产生的，每个鱼星如豌豆大小，每次冒出3~5个。

🔹 甲鱼的鱼星

甲鱼的鱼星是其在水底爬行时产生的，鱼星密集，呈双行带状或圈状，大小不等，移动缓慢。

🔹 翘嘴红鲌的鱼星

翘嘴红鲌的鱼星为单个小泡，约绿豆般大小，若窝里有多量小气泡不断冒出，则表明窝里有小群翘嘴红鲌在觅食。

🔹 鲢鱼、鳙鱼的鱼星

鲢鱼、鳙鱼的鱼星与鲤鱼的鱼星有些相似，但它们的气泡大小更加不均匀，大者如同乒乓球，且数量较多。

🔹 泥鳅有怎样的鱼星

泥鳅的鱼星密而细，成串上升，呈泡沫状。

选择钓场的方法

　　宏观上选择的垂钓场所叫钓场，即经了解观察确定有较多鱼类，且适于垂钓的较大面积的水域。选择钓场的目的是判断这里的鱼多不多，主要鱼类是哪些，以便从微观上选择钓点。选择淡水钓场时，应根据不同的水域情况来进行选择。选择的方法可以用"看一看、嗅一嗅、问一问、听一听、测一测"这一口诀来概括。

◈ 钓场中的"看一看"

　　所谓"看一看"，是指全面勘察水域的地形、水面和水情。先看垂钓水域平面的形状，是长、方、圆，还是其他什么形状；水面是宽阔还是狭窄，大致估计水有多深；岸边有没有突兀、曲折处，有没有伸向水中的小岛；四周有没有与之连接的水体、进出水口、沟汊等；是否有水草地段，其疏稠情况如何；水域中是否有桥墩、码头或突出水面的土堆、大石等物；有没有养鱼网、箱或增氧机；岸边是否有树荫等。接下来要看一看水草、浮萍是否有鱼吃食的痕迹，有没有鱼拉下的一条条黑绿色的粪便；再看一看水面有没有鱼星，水面有没有水纹和水波，这都判断是有没有鱼的依据。俗话说水至清则无鱼，所以还要观察一下水的浊度，一般浊度大，表明鱼的数量也多。从水色分析，淡黄橙色水域，鲤鱼较多；青黄色水域，草鱼就可能多一些。如果水色浑如泥浆或是深绿色则水质过肥，黑紫色则污染严重，均不宜垂钓。

🔶 钓场中的"嗅一嗅"

"嗅一嗅"也可说是闻一闻，是指钓鱼者站在水域的下风口，停下来仔细用鼻子闻一下此处的气味，鱼多的水域，会有一股鱼腥味儿，鱼越多，腥味儿越浓。把钓位选在鱼腥味浓的地方，必有好的收获。

🔶 钓场中的"问一问"

"问一问"是指向当地群众打听，了解一下该水域最近是否干过塘，是否有鱼，有哪些种类的鱼，有没有人垂钓，钓鱼的人多不多，是否有人捕过鱼，水的深浅情况如何等。

🔶 钓场中的"听一听"

"听一听"是指聆听水中的各种声响并加以分辨，例如，有无鱼在觅吃食过程中发出的声音，如鱼咬草、拱草的"咂嘴"声，大鱼追捕小鱼的击水声等。

🔶 钓场中的"测一测"

"测一测"是指测试钓场水域的深浅情况。可通过钓线测试水的深浅，或者试钓一下，最终决定是否在这里垂钓。

怎样选择最佳钓点

🔶 钓点

　　经观察后认定有较多鱼类生存、栖息，并适于垂钓者撒饵、落钩垂钓的小范围水域叫作钓点。钓场选好后还要精心选择好钓点，钓点选不好，即使有良好的钓技和适口的饵料，也难以取得理想的垂钓效果。钓点的好坏，受到鱼源、地形、季节、风向、水情、水温、流速等诸多因素的影响，所以选择钓点时要全面考虑。一般应掌握以下两个原则：一是水域中要有鱼，二是钓点附近有鱼游弋或聚集。前者是先决条件，后者是必要条件。

　　不同鱼类有不同的习性，它们栖息在各自固定的水域中。如鲫鱼、鲤鱼等，喜欢聚集在水底有障碍物或水草处或有沟坎处；有的鱼喜欢在乱石堆及洞穴附近聚集；夏季气温高时，多数鱼喜聚集在深水处或阴凉处。鱼类聚集处，当然是好钓点。水草丛生处，活水流入的进水口，码头处，饵料充足，鱼儿常聚集在这些地方觅食，这些地方是很好的钓点。

◆ 哪些水域有好钓点

◑ 江、河、溪、渠弯曲和沿岸凹凸而形成的水流放缓的洄水处

这样的地方常是鱼儿休憩、游弋和觅食的好去处，是较好的钓点。

◑ 池塘、湖泊、水库中长有较多水草的沿岸水域

因为鱼儿不喜欢光线强烈的环境，喜欢比较隐蔽之处，水草可以遮挡阳光，而且，有水草处氧气充足，鱼儿食欲较强；水草生长处各种微生物和植物碎屑、小昆虫等鱼的食物较多，因而是鱼儿喜欢栖留、觅食的水域，适于作为钓点。

◑ 桥夹水闸、涵洞出水口两旁洄水处

这些地方不仅水流缓慢，适于鱼停留、休憩、觅食，而且有较多微生物和小昆虫尸体、植物碎屑等鱼类食物停滞，适于作为钓点。

◑ 有船舶、木排、竹排停泊的沿岸水域

这些地方常有鱼类栖息、游弋，也可作为钓点。

◑ 江河、湖泊、池塘、水库沿岸地形复杂水域

这些地方有树木或水中有木桩、成堆的石块，水底有较多坑洼和小洞穴，适于鱼类停留、栖息，可设钓点。

◑ 岸边饲养猪、牛、鸡鸭等禽畜类的水域

这种水域有粪汁等污物渗入水中，为鱼类喜爱觅食之处，可设钓点。

◑ 沿岸有人家居住，并设有厕所、打谷场、粮仓、蓄粪池、菜地的水域

这些常有各种生活污水杂物流入的水域，是鱼类喜欢停留觅食的处所，是较好的钓点。

◑ 江河、湖泊、水塘沿岸有住户设有洗衣、淘米、洗菜埠头的水域

这些地方是鱼儿乐于游弋、觅食之处，是垂钓的良好钓点。

◆ 何谓"春钓滩，夏钓潭，秋钓荫，冬钓阳"

从季节来看，"春钓滩，夏钓潭，秋钓荫，冬钓阳"。春天，天气转暖，万物复苏，鱼类经过一个冬天的蛰伏，纷纷开始活动。鱼类为了自身生长、繁殖的需要，需要补充能量，就要大量摄食，因而春季是鱼类的摄食高峰期。由于严冬刚过，浅水区吸收太阳的能量较快，水温较高，水草也较早复苏、发芽，为浮游生物提供了很好的生长处所，也为鱼类繁殖提供了很好的场所。所以，在春天里，鱼类会大批游向浅滩，在那里寻觅食物，准备繁殖。因此，春天垂钓的钓点应选在水深1米以内的向阳浅滩。

夏季来临，气温上升很快，三伏时，气温可达35℃以上。这时，除鲢鱼、鳙鱼、草鱼、罗非鱼、翘嘴红鲌等少数鱼类尚能在酷热的水中自由活动外，其他鱼类则游向水域的最深处，也就是"潭"中避暑，这里的"潭"实质上是指深水区。

炎夏过去，秋高气爽。此时又出现适宜鱼类生存的水温，鱼类为了越冬催肥的需要，又开始大量进食，迎来了继春季以后的第二个摄食高峰。由于阴凉处的水温适宜，加之饵料丰富，鱼类会在此处聚集觅食，所以，在水域中首先出现的阴凉之处，将成为好钓点。

冬天，气温急剧下降，鱼的食欲会明显降低，但也有少数鱼类，如鲤鱼、鲫鱼等尚可在温度稍高的向阳水域摄食。若想在冬季垂钓有所收获，背风向阳处的水域便是好钓点。

🔖 何谓"一日三迁，早晚钓边，午钓远"

　　"一日三迁，早晚钓边，午钓远"即从一天来看，上午应在西岸，下午则在东岸，目的是避免人影、竿影投入水中，惊走鱼群。早晚鱼儿一般到浅水边活动，所以这些时候要垂钓近处，即钓边；中午和下午，太阳暴晒，日光强烈，鱼儿大多集中在水域中间，所以午钓应远。

🔖 何谓"长钓腰，方钓角"

　　"长钓腰，方钓角"即从水域形状看，长形的水域，鱼多沿长边游动，应沿长边的中部，于腰处垂钓；方形的水域，鱼来回游动必经四角，要居角垂钓。

🔖 什么是"窄钓宽，宽钓窄"

　　水面较宽的水域，应选择相对狭窄的入水口或通道，除前述提及的饵料原因外，窄处往往为鱼儿游经的咽喉要道，鱼的密度较大；相反，整体窄的水域，应选择相对较宽处，窄处水体透明度高，鱼儿反应快，不易上钩，而宽处沉淀物较多，是鱼儿嬉戏、休息和觅食的主要场所。

🔖 什么是"深找浅，浅钓深"

　　"深找浅，浅钓深"即从水情来看，水体普遍较深时，应选择在凸起处垂钓，这样的凸起处，水流迂回经过，存得住养分，鱼儿爱在此逗留觅食；相反整体水位较浅的水域，应选择水底低洼之处，这是食物饵料积存和鱼儿活动的最佳场所。

🐟 什么是"动钓静，静钓动"

鱼类喜欢流水，因为流水中氧气充足，饵料丰富。鱼类有顶水而上的习性，但若水流过急，流速过大，鱼儿在这样的水中难以稳住身体，会给觅食带来困难，因此，水域中水流稍缓的地方就是钓点所在。而在诸如池塘、湖泊的静水中，鱼类也不喜欢，若在这种静水中有小股流水进入处，是垂钓的绝佳钓点。

🐟 什么是"水涨钓滩，水落钓深"

鱼类在水势大涨大落时，一般不爱摄食，这是由于鱼类受水势突然涨落的惊吓所致，而且水质浑浊不易觅食。原来长满草的地方或庄稼地被暴涨的洪水淹没后，水流平缓，饵料丰富，有时可以钓到大鲫鱼、鲇鱼、草鱼等；而在水落之时，水的透明度增加，鱼儿向深水区及水草窝移动，垂钓可选择深水处。

🐟 什么是"清水找浑，浑水寻清"

如水体过清，清澈见底，说明水体中鱼少，难以搅动水底的泥沙，在这种水体清澈的水域，应找水体较浑浊的地方垂钓。一般在浑浊的水域，应寻找稍清处垂钓。这种地方氧气较充足，鱼儿会向此处集中，是好钓点。如水体过浑，缺氧严重，这样的水域很难钓到鱼。

🐟 什么是"迎风钓大鱼"

"迎风钓大鱼"即从风向来看，刮风时，风把表层的浮游生物、藻类植物以及浮在水面的小昆虫、花粉等鱼类的天然饵料吹向下风口，趋食而往的鱼类自然会来到下风口觅食、嬉戏。因此，下风口是钓鱼者的下钩之处。

103

怎样根据季节变化选择钓点

在选择钓点时，不同的季节应有不同的要求，其中最重要的是应该考虑到水温的因素。鱼儿对温度是比较敏感的，在水温过低或过高的情况下，鱼儿会停止活动，也没有进食的需求。鱼儿最为活跃的水温是在16～25℃，在这样的水温下，鱼的食欲最为旺盛，是垂钓的理想水温。

春季后期垂钓的钓点

季节变化，水温也会随之相应变化，因而选择钓点也应随着水温的改变而有所不同。比如，初春时，尚有冬末的余寒，水温还比较低，鱼儿很少活动，且多在深水区生活，食欲较差，此时不容易钓到鱼，要钓，也只能做深水钓；但到了春季后期，天气转暖，浅水处的水温比深水区的水温升高快而且水生植物和各种浮游生物较多，鱼儿喜爱在这样的水域活动，所以春季后期垂钓的钓点，应选择深度在1米左右的浅水区。

鱼儿不仅不耐寒冷，而且也不耐炎热，它们不喜欢水温高和阳光直射的地方，所以到了夏季水温较高时，它们便躲进深水区或草丛中。因此，夏季炎热时期，钓点应设在深水区或草丛下面。夏季时，雨水较多，常常连日下个不停，一旦雨后放晴，就是良好的垂钓时机，很容易上鱼。此外，在多天炎热之后，常常骤然下起大暴雨，此时水面会腾起一股热气，待热气过后，又是一个垂钓的大好时机，不可轻易放过。夏季的早晨或傍晚，常吹起2～3级的南风或东南风，若此时在迎风的岸边设钓点，会有较大的收获。因为此时水中含氧量较高，鱼儿游动活跃，水温适宜，鱼儿食欲大增，加上风把水面上的各种水生小虫及一些小虫的尸体等鱼儿喜食的食物都吹到迎风的岸边集聚，鱼儿也就向这样地方来觅食，此时投下饵钩，很容易被鱼儿一口吞下。

水草区

而当风力较强，达到4～5级时，会对垂钓造成困难，要继续垂钓，则需要采取一些措施：一是加大坠子的重量，避免连钩带线被风刮得飘飘荡荡，难入水和进入钓点；二是改用浮力大的浮漂，以免饵钩被刮进过深的无鱼水层；三是加大钓饵的量，并尽可能使钓饵有鲜明的颜色，使风浪中的鱼能够看见进而前来吞钩。

🔖 怎样根据水的动、静、涨、落选择钓点

鱼类对水位的变化十分敏感，只要水体有些微流动和涨落，它们就会做出反应。当水位上涨时，水中的溶氧量增加，鱼儿就非常活跃，并迫切寻求进食。在水上涨时新淹没的浅滩地带，如稻田、菜地、晒场、池塘、溪渠的边沿，会有许多细小昆虫的卵、尸体和植物的叶片及碎屑漂浮在水面上，这些都是鱼喜吃的食物，所以此时它会在这些浅滩水域"大饱口福"，在这些浅滩设钓点，可获得较好的上钩率。

在水位回落时，敏感的鱼类察觉后，会很自然地产生一种害怕搁浅的危机感，就会迅速地向深水处退避，此时它根本没有了进食的兴趣，所以此时不宜寻找钓点下钓，否则多半要失望。在池塘、湖泊或水库中，平时水体基本上是静止的，一旦有些微流动，鱼儿就会察觉，并迅速向流动处游去，它们知道这样的地方会有它们需要的可口的食物。水流动处不仅会

浅滩

有它们需要的大量食物，而且此处水体中的含氧量也特别充足，鱼儿到了这里，食欲也会更旺盛。所以，在池塘、湖泊、水库静止水域垂钓时，应寻找其进水口，在进水口附近的洄水处设立钓点。

在大江、大河、大溪渠等水流量较大的水域，因水的流速过大，鱼儿很难在原处停留，再加上急流的水中也不会有可吃的食物，故流速大处不宜作为钓点。江河一般是中间的水流湍急，靠近岸边水流较缓，深水一侧流速大，浅水一侧流速小，钓点应设在近岸处，因为鱼只有在流速小、较平缓处才能停留下来觅食。大江、大河转弯的地方，正对着水流的一侧流速大，而在其对岸一侧则流速小，而且有洄水

处，这是适于鱼停留休憩、游弋和觅食的水域，适于作为钓点。在池塘、湖泊静水水域，一般也有进水口、出水口或从旁边的水稻田、小溪流、小泉眼有少量的水缓缓流入，量虽不大，但能在静水之中产生微小的流动，这附近也是上好的钓点。所以，钓鱼者从他们的钓鱼经验中总结出一句话："动中钓静、静中钓动"，是很有道理的。

在大江、大河、筑有拦水堤坝或浮桥的下游沿岸水岸，水流比较平缓，且会有一片洄水区，这里也是较好的钓点。这种河流上如有大中型石桥，其中部桥洞下因急水的长期冲击，会产生较深的水潭，水潭的近岸处往往是很好的钓点。

大江、大河常有较多的支流，在支流汇合处的三岔口后，沿岸会有水势平稳的水域，水面上常会泛起白色或黄色的泡沫，其中还夹杂着一些有机物的碎屑和杂虫，是鱼类爱吃的食物，因而会有不少鱼聚集在这种洄水区内，以此处作为钓点，常有较好的收获。

在有小山的地区，常会沿山脚自然形成中小型的溪涧，其宽度一般3～5米，水流速度适中，可发出潺潺的水声。这样的溪流中大多有一些野生鱼类如鳖鱼、白条鱼、翘嘴鲌鱼和鲫鱼生存。在溪流的水底较大石块后面所形成的较深水潭旁设钓点，常可钓到上述鱼类。这里的鱼一般咬钩毫不迟疑，下钩几秒钟就会被一口吞下，往往在1～2小时内就能钓上中小型鱼数十条。

💠 怎样根据水文、风向、阴晴变化选择钓点

"阴雨钓鱼，越钓越喜，大雨过后好钓鱼""春雨鱼活跃，底钓改浮钓""涨水钓河口，落水钓深潭""急流钓边，缓流钓弯""宁钓下风，不钓平静""强风起，鱼伏底；大雨狂，鱼深藏"……在垂钓的谚语中，有关水文、风向、阴晴变化的很多，从以上谚语可以看出，微风吹拂、毛毛细雨下到水面，既对鱼没有惊扰，又能增加溶氧量，使鱼儿食欲大增，易于上钩；涨水、流水处，水中溶氧量增加，而且因涨水淹没了浅滩、稻田和菜地等，带来的植物的种子、小动物等，饵食丰富，因此，是鱼儿最活跃的场所，钓点适宜选择在河口处和下风口。风力、风向对钓鱼也有很大影响，刮风天气，风吹动水面，水体上下产生对流，水中溶氧量增加，鱼儿感觉舒服，显得异常活跃，食欲好。一般2～3级风的天气可钓顶风，如果风力较大则很难观察浮漂的咬钩情况，只能找避风处下钩。风力很大时，不仅无法观察浮漂、鱼情，而且鱼也会感到不适和惊慌，此时就不适宜再下钩垂钓了。天

气不仅会影响鱼儿的摄食，而且还会改变其栖息和活动的水域。例如，在仲春或仲秋，在同一水域同一钓点钓鱼，第一天天气晴好，风和日暖，因此喜获丰收，满载而归；第二天，因天气变阴且有小雨，气温偏低，再在同一处垂钓时，可能会收获甚微，甚至一无所获。其主要原因是，鱼为了避寒，游向适宜栖息的深水处去了。另外，随着工业污染的日益加重，观察水源是否受到污染也很重要。一旦发现垂钓水域被污染，应及时另择塘口钓鱼。

◆ 怎样根据不同鱼种选择钓点

外出钓鱼要想有所收获，应根据各鱼种不同的生活习性、栖息地和活动水域来选择钓点。如在较冷的季节里，要想钓到黑鱼或鲶鱼，就应找水较深、适宜栖息潜伏的石丛和洞穴等环境，并用小鱼、小虾等装钩做诱饵，伺机送到它们的口边，诱其吞食。当夏季、秋季来临时，它们则游出石丛和洞穴，游到水域较浅、小杂鱼多的地方及近岸的草丛中觅食。

钓草鱼、鲫鱼，要把钓点选在靠近草边的地方；钓鲤鱼，要把钓点选在有坑洼的地方。民间谚语就有"钓鲤找台阶，钓鲫找草边，钓鳜找石丛，钓鲶找阴暗"的说法。再如，在天热时钓鳊鱼，要找风口或找有流水的地方做钓点；翘嘴红鲌喜风浪、逆水捕食、喜光，根据这些特点，可于夏夜找有灯光、白天有风浪处做钓点；甲鱼机警又胆小，怕水凉，怕大风，怕惊吓，一有动静便逃跑，因此，钓甲鱼要找非常安静且背风向阳处做钓点；罗非鱼贪食且视力弱，不怕水浅，就怕水凉，比较呆而且胆子大，一般惊扰它不怕，是鱼类中比较容易钓的一种，可根据它的这些特点来选择钓点。

打窝子的技巧与方法

打窝子的技巧

打窝子的目的是把鱼儿引诱到钓点，以提高垂钓的效果。窝子有固定窝和活动窝两种。

固定窝亦称死窝，即将诱饵投入到一个选定的钓点形成的窝子。这种窝子适合于池塘、水库等静水水域，诱饵一次不要投撒过多，每隔1~2小时可补撒一次。也可在预选的几个钓点分别撒几个窝子，轮着垂钓。

活动窝也称活窝，即可以随意移动的窝子。制作这种窝子，只要将诱饵装进有孔的窗纱或纱布做成的小口袋里，再系在用一块硬泡沫塑料做的浮子下面，然后将小口袋投放到钓点上就行了。当然不要忘记还要在口袋上拴一根细绳，用于转移钓点或结束垂钓时收回。

另外，打窝子时还要按以下五点要求选好位置。

1. 有水草的地方。一些底层鱼如鲫鱼等，一般都喜欢栖息在水底草丛里及周围活动。有垂钓谚语说，"钓鱼无草，等于白跑"。

2. 靠近塘边和水沟边。这些地方往往有码头，人们常在此淘米、洗菜，鱼儿常聚拢来觅食；有的沟、塘里放养有鹅、鸭，鹅、鸭粪便多，鱼儿会寻味游来寻食。于是，这里便成了打窝子的理想之地。

3. 水流入口处或出口处。鱼儿喜嬉水，又有逆水而游的习惯，在这些地方聚拢的鱼儿往往较多。

4. 打窝点随水温的变化而变化。水温是随着季节的更替而变化的，打窝子也要根据不同的季节来选择不同的位置。初春温度低时，窝子应打在朝阳的浅水处；夏天温度高时，窝子则应打在阴凉浑水处或水草密集的地方。

5. 根据风向和风力的大小选位置。风力在2~3级时，多在下风口打窝；风力在4~5级时，多在上风口或微波处打窝。

◆ 打窝子的注意事项

1. 必须根据季节、鱼情、气候、水情和风向等选定钓点的原则，在钓点中撒窝子。

2. 在施投诱饵之前，要对窝口进行必要的探测，以便弄清楚水域的深浅，以及水底是否平坦，有无杂草、乱石或其他障碍物。探测的方法，一般是用钓线测出水的深浅，水的深浅试好以后，将空钩抛入钓点附近1米左右见方内各处去试，根据浮漂的状况，即可判断出水底是否平坦；根据鱼钩挂没挂草或其他东西，可判断出水底有无杂草或别的什么障碍物。当确认水底较平整且无杂草等其他障碍物时，即可进行撒窝。

3. 根据要钓的鱼的食性选定适当的诱饵，如肉食性鱼类好吃荤腥，草鱼偏爱青草，鳙鱼爱酸臭等。

4. 尽量用撒饵器来打窝，以减少对鱼的惊扰。如用黏性饵料撒窝，可将诱饵捏成饼状，包在鱼钩或坠子上面，轻轻送到窝中。

5. 静水轻撒，流水重撒；水面大、水深时饵要撒得多些，水面小、水浅时可撒得少些；春天宜用粉饵，重香；夏秋宜用颗粒饵，重甜。

6. 鱼头密的水域打1~2个窝就够了；如水域广鱼头稀，可打3~4个窝轮番垂钓，哪个窝子上鱼多，就钓哪个窝子，并续哪个窝子，而上鱼少或不上鱼的窝子，干脆不再补窝。

7. 为保证准确下钩，打窝时，在窝点的前后做好记号，如在岸边用木棍或土块做一记号，并寻找对岸与之正对的方位物（山、石、草、树、电线杆或水中倒影均可），窝点在中间，使记号、钓点与方位物三者在一条直线上，同时用鱼竿测量出钓点与岸边的距离，并记住。

8. 撒窝后不要急于下竿，要等到发窝时再下竿。"发窝"就是鱼群已进入窝点开始吃饵，窝中有鱼星冒出。

手竿的投竿技巧与方法

投竿，有人叫作投钩，就是在垂钓开始时，把装好钓饵的钓钩投到钓点的水中去。在没有钓过鱼的人看来，把钓钩投到水中去似乎十分简单，谁都能做到，殊不知会投的老手和不会投的新手投出的钩有很大的差别，能不能准确地投到预定的钓点，直接关系到能不能钓到鱼。所以，要想把钓钩投到自己想要投的水域中去，必须懂得投钩要领，而且要多练习。手竿的投钩方法通常有"弹甩法""荡送法""顶甩法""双手投送法"等。

◆ 用"弹甩法"垂钓

弹甩法适用于手竿的竿子和钓线都比较长，铅坠有相当的重量，手竿有较好的弹性，钓点离岸边距离较远的情况。如果缺乏一定的技巧，就不能将钓钩投到预定的钓点。具体操作方法：弹甩开始时，垂钓者面对钓点，左脚向前跨半步，左手握紧竿柄，右手则握住钓钩和铅坠，接着用握竿的左手将钓竿竿头向左拉开，使钓线拉直绷紧，直至将竿体弯成弓状，形成很大的弹射度；此时突然将右手松开，让饵钩和铅坠弹向正前方预定的钓点。这种方法的优点是，能使钓饵的落点远而准确。当然，能否使落点完全符合垂钓者的要求，还需垂钓者平时经常操练，积累一定的经验，才能准确掌握好竿体的弯曲度，做到得心应手。

弹送法示意

◆ 用"荡送法"垂钓

当手竿和钓线都比较短，弹甩法无法使用时，则需改用荡送法。但是，此法适用于无风的天气，若有4级以上的风，则较难投准。此法与弹甩法有些相似，不同之处是由于竿和钓线都较短，甩出的力度稍小，且角度也有所不同。具体操作方法：扬竿开始时，垂钓者右脚向前跨半步，右手握牢竿柄，将竿与水面平行，再将竿向右侧移动30度，左手拿着饵钩和铅坠向左侧移动，将钓线拉牢，同时以右手将竿梢向右上方抬起，使竿梢弯成弓状绷紧；最后左手松开，右手乘势将饵钩向前方甩出，使其落入正前方的钓点水域。由于竿和钓线都较短，较易控制，一般都能落到所希望的水域。

荡送法示意

◆ 用"顶甩法"垂钓

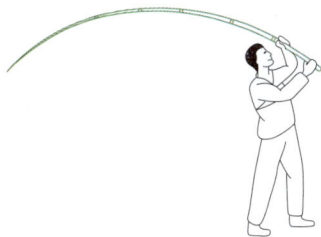

顶甩法示意

顶甩法适用于有较强风的逆风环境，钓点又较远的情况。具体操作方法：垂钓者面向左侧移动45度，双脚分开站立，两脚相距30厘米左右；左手握住饵钩、铅坠，伸向身后横拉开，右手紧握竿柄并高高举向头顶，使身体与手臂成一直线，然后将竿向钓点方向前倾，使钓线拉直，并逐渐绷紧，让钓竿弯成弓形，弓背朝向钓点；此时左手突然放开，右手同时向钓点方向甩动，使饵钩和铅坠从上方弹向远处钓点。此法因挥动幅度大，竿的弹力比较强，可以抵消4~5级的逆向风力，将饵钩甩达钓点。

◆ 用"双手投送法"垂钓

双手投送法适用于竿体粗长、重量大，或使用串钩、组钩，再加上钓饵和铅坠的重量超出较多，单手难以甩出的情况。具体操作方法：垂钓者双脚分开，两脚距离30~40厘米（使用此法需特别注意站稳，并与水域保持较大距离，以防闪失）；右手握牢竿柄根部，左手握在距右手约25厘米处的竿柄处，然后将竿提起，使饵钩和铅坠离开地面，接着轻轻晃动竿体，使钓线连同钓饵连续晃荡几次后再荡往身后，再从头顶后方用力向前挥竿，甩向正前方远处钓点水域。此法的优点是投甩力度大，抛投的距离远，但使用此法必须在左、右、后三个方向的5米以内没有人或树木等障碍物的环境中，否则容易伤人，须特别注意。

提竿技巧

提竿是垂钓中的关键环节，它直接关系到钓获量的多寡和垂钓情趣的浓淡。而提竿的关键在于准确判断鱼情，恰到好处地把握提竿时机。提竿适时，不早不晚，动作得当，就可以地把吞钩之鱼稳稳当当地提上岸来；如果把握不好，提竿过早或过迟，动作过小或过猛，就可能会出现空竿或者线断鱼逃。

◆ 影响提竿的因素

第一，提竿时机与所钓鱼种有密切关系。比如鲫鱼，它吃食特点是发现食物后，慢慢游近，俯头抬尾将食物吸进嘴，然后抬头上浮，一边吞食，一边游走，如果发现吞进嘴的食物有异样，便将食物立即吐出来。这个过程中鱼漂先是上下抖动，然后轻轻下沉，随即明显上浮，这就是送漂，此时提竿，时机最好，命中率也最高。鲤鱼、草鱼等体形修长的鱼类，咬钩后鱼漂的反应是漂上下抖动，幅度较大，然后鱼漂成斜向运动，慢慢沉入水中，显得较沉重，此时提竿时机最佳。鲶鱼、黑鱼等凶猛鱼类，嘴馋，口裂大，一般吞钩都较狠，咬上一口拖着便走，鱼钩刺进其喉部很少能吐出来，即使提竿稍迟也无妨。垂钓者应根据漂的信号，迅速判断出鱼的大致类型，针对此做出提竿早晚的反应。

第二，提竿时机与钓饵软硬有关。饵料硬度较强时，提竿可晚一些；钓饵较软时，则应稍早一些提竿。

第三，提竿时机和季节也密切相关。早春、冬季宜早不宜迟，夏、秋两季宜迟不宜早。冬去春来，万物复苏，早春水寒，鱼儿经过一冬休眠，开始活动时范围小，摄食动作也轻，咬食时很少出现大幅度沉浮，这时提竿不宜迟，以早为好；春季、夏季是鱼儿产卵、活动较为活跃的时期，鱼儿咬钩动作很大，可按常规提竿，送漂即提，不必过早；冬季鱼儿或在深水避寒，或进入冬眠状态，少有摄食，且动作微弱，一旦有浮漂移动信号，就应立即起竿。

第四，提竿时机与鱼坠的轻重有关。铅坠的轻重也会影响提竿时机，重坠反应慢，应早提竿，反之轻坠反应灵敏，可迟提竿。

第五，提竿时机与水的深浅有关。浅水垂钓或水表的浮钓等宜偏迟提竿，反之则应偏早提竿。浅水垂钓，因为水线短，漂反应灵活，鱼吞钩尚未牢，漂已送上来了，故提竿宜迟不宜早，提早了容易跑鱼；深水垂钓正相反，因水线长，漂的反应慢，提竿宜早不宜迟。

🔶 把握好提竿起钩的时机与力度

在垂钓过程的各项操作中，有一项是钓鱼新手不大容易掌握的，那就是提竿起钩的操作。初次钓鱼的新手，一般都是由有经验的垂钓老手带着学垂钓的。装上钓饵，把钓饵投入水中，等待着鱼来上钩的这几项操作没有多少技术性可言，一般都能学着钓鱼老手的样子进行。但一旦有鱼咬钩，发现浮漂抖动或下沉，就会慌了手脚，神情紧张地拼命用劲向上甩竿，把鱼钩弹向天空，等钩和鱼线落下来一看，并没有钓到鱼，钩上是空的，连钓饵也不见了。

初次钓鱼出现这种情况，毫不奇怪，吃一堑，长一智，下一次发现鱼上钩时，就会沉着一些了。但光是沉着还是不够的，还需要懂点儿技术。有经验的垂钓者在发现浮漂有微小抖动时，并不急于提竿，一般都要耐心等候几秒钟，甚至10~20秒钟，待看到浮漂下沉一些或送出水面一粒浮子后，才适度用力将手上的竿抖动一下，目的是使鱼钩倒刺进入鱼嘴，使鱼牢牢地被钩住。这时，最重要的是不能松线，并要凭手感来估量一下鱼的大小，用不同的方法来处理：若是小鱼，即从容不迫地将鱼提上岸来，手法要轻而迅速；若手感沉重，估计是较大的甚至超过1000克的大鱼，就应缓慢地将大鱼牵离窝子（避免将窝子里的鱼惊跑），让钓竿适度绷紧，竿的上部弯成弓形，切不可松线，否则，鱼儿就会蹦跳，把线绷断、钩拉直而逃掉。如旁边有水草丛，则要将鱼拉离草丛，然后开始遛鱼，鱼体越大，遛鱼的时间越长，必须耐心地与它周旋，直至它十分疲乏时将其拉到靠岸处，用抄网将其捞上岸来。

这里需要指出的是，在发现鱼上钩后的"抖动"动作有一定的技术性，需要垂钓者自己去认真琢磨，该用多大的力气，抖动的幅度以多大最为恰当，需不断积累经验，同时，还要掌握提竿的动作要领。正确的提竿姿势：竿柄顶住持竿手的上肘部，肌肉自然放松；提竿时，肌肉突然收缩，同时肘部往下一顿，手腕发力向上挑，肘部往下压，小臂带动手腕往上一抖，摆幅小有爆发力，动作轻松利落。注意，这个过程是靠手腕的顿提力，而不是手臂的机械上扬。

学会看漂

什么是"点漂"

实际上，在垂钓时，鱼儿的摄食过程是看不到的，所以只能从观察鱼漂的反应来判断，确定提竿时机。"点漂"即浮漂上下轻微跳动或轻微晃动，这是鱼在触碰钓饵的信号，表明鱼已发现钓饵并有可能要吃了，此时垂钓者应提高警觉，随时准备提竿。

什么是"送漂"

"送漂"即上升一两颗浮漂。浮漂先是上下抖动（点漂），继而垂直上升，尔后停止不动或开始斜移下沉，说明鱼儿已咬钩，应及时提竿。一般情况下，抖动速度快但幅度小或移动速度快的，鱼不大；抖动速度缓慢，只轻轻几下，漂就被送起的，或移位速度慢，表明咬钩的鱼较大。

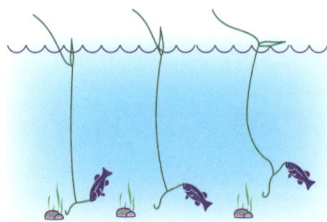

鱼儿吃钩点漂、送漂，直至
送出水面示意

什么是"黑漂"

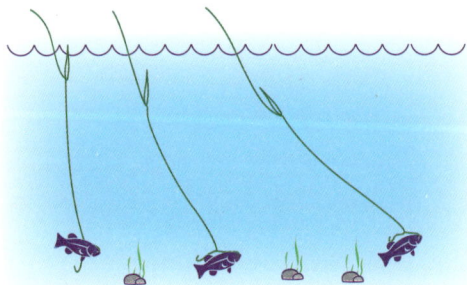

鱼儿吃钩拉黑漂或斜移漂示意图

"黑漂"是浮漂先是上下点动，接着很快下沉，没于水中不再浮出。黑漂是提竿的最佳时机。一般鲶鱼、黑鱼、鲤鱼、黄颡鱼吞钩常出现黑漂现象，鲫鱼吞钩有时也出现黑漂。有时也可能是大鱼在水底觅食时身体擦到渔线，这时应快速扬竿，往往可挂住鱼身。

巧破 "大鱼打桩" 的技巧

所谓 "大鱼打桩"，就是当大鱼（一般是5000克以上的大鱼）已经上钩后，出现扬竿时提不起来，像是鱼挂在水底的乱石或杂草上，死拉不动的现象。事实是，并非鱼钩挂在了石块或杂物上，而是大鱼把头钻入了河底或大石块中，尾巴向上摆动，像插桩子一样钉着不动。遇到这种情况怎么办呢？有经验的钓鱼者想出了几种可行的解决办法。

大鱼上钩后应怎样运用 "绷挺法"

垂钓者在发现可能是 "大鱼打桩" 的情况之后，应该着力将钓竿挺成弓状，让鱼线像开弓的弦一般绷紧，坚持挺住不能松劲。需要注意的是，这时切不可将线放松一下，然后又猛力扬竿蛮干，这样很可能会造成折竿或断线，让鱼跑掉，而应该继续让竿像弓似的绷紧，经过几分钟甚至十多分钟后，鱼因被绷得很痛而受不了时，自然会离开水底，这时再看鱼还有多少力气，决定是遛鱼，还是需要灌气，直到用抄网将鱼提上岸。

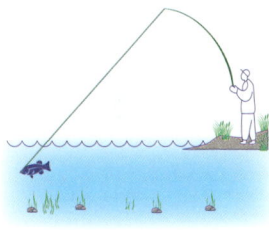

绷挺法示意

大鱼上钩后应怎样运用 "绷弹法"

大鱼在深深地钻入池塘底的泥淖中后，一般不会很快自动出来，必须耐心地将线绷紧一段时间。经过10~20分钟若未见动静，即说明钓钩太软，绷得不够紧，应加强刺激。这时，可用一手拉紧钓线，另一手像弹琴似的将钓线一拉一放，使鱼儿在水底受到振动并因钩口伤部疼痛而蹿起来逃跑。当大鱼开始游动时，就要立即握好钓竿，进行遛鱼。这时特别值得注意的是，不可强拉，该放线时就放一段线，当鱼不拉线时又将线收回来，耐心地作拉锯式的反复放线收线，直到大鱼没有力气时将它拖到岸边，用抄网捞上来。

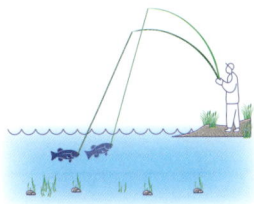

绷弹法示意

遛鱼技巧与方法

遛鱼是在钓到大鱼时，钓鱼者充分利用竿、线的弹性来消耗鱼的体力，使其乖乖就范的一种手段。所以提竿时，要使钓线始终带着劲，提竿后要迅速使竿梢呈弓状，这样鱼挣扎的力可分散在整个钓竿上，靠钓线、鱼竿柔韧的弹性，把鱼儿使出的劲化解掉。

◆ 手竿遛鱼的技巧

手竿遛鱼要比海竿遛鱼难度大得多。手竿的钓线长度有限，既不能放，也不能收，只能在竿线所及的范围内遛鱼。这就要求钓鱼者要有熟练的遛鱼技巧，方法必须得当，才能既不跑鱼又不折竿。

当判定鱼已咬钩时，应及时提竿。首先用腕力使劲抖竿，使钩深深地刺入鱼嘴，将鱼挂牢，然后及时提竿。如果提竿时感到很沉，判断鱼较大，一下提不到水面时，应把鱼竿仰起成70度左右，绷紧钓线，不要硬拉，只可轻轻提拽鱼线，等大鱼动时，再趁机调整竿线方向。过不了多久，鱼肯定要游动，起初多数是向前方深水逃窜，力量很大，往往折竿断线就发生在这个时候。正确的做法应当是在鱼逃窜时，迅速将竿偏向一侧，牵着鱼慢慢转弯；也可以抢先一步在鱼刚移动时就把竿先伸出去，钓线的速度快于鱼游速度，使鱼跟着线走，人牵着鱼游，然后再一点一点地改变方向，来一个椭圆形转身，沿"∞"形游动，左右来回兜圈子，这样就使鱼儿在不知不觉之中改变了方向。要始终使竿保持弓形，以充分发挥其弹性，切不可将竿子倒向鱼逃窜的方向，否则就会形成钓鱼者和鱼"拔河"，造成断线跑鱼。当鱼见到强光和人影时会翻身向深处逃窜，一般要经过三个回合：第一次逃窜，鱼用力还不是最猛烈的；第二次逃窜，鱼的用力要比第一次大得多；第三次逃窜是鱼竭尽全身力气进行的，力量是最大的。钓鱼者应充分利用竿、

"∞"字形遛鱼示意图

线、钩的最大承受力，充分发挥钓竿回弹力将鱼绷住。将竿线用力绷住的目的是不让鱼发力而轻松逃窜，让大鱼满负荷启动，消耗其体力。如果这三个回合下来，鱼没有挣脱而逃离，问题就不大了。

在整个牵遛过程中，鱼可能使出多种"招数"企图逃走，钓鱼者必须自始至终主动领鱼，不要与鱼形成"拔河"，时刻坚持"鱼动人不动，鱼不动人动"的方针。不论大鱼向外逃窜，向岸边攻或是原地打转，或是跃出水面，或者左右冲刺，钓鱼者都要顺势牵鱼，凭借钓竿的弹力，领着鱼游，直到将其遛乏，完全失去抵抗力为止，再将其拉至岸边抄鱼。特别要注意的是，自始至终，不可用手拉线，因为手没有弹性，只要鱼稍微一跳动，就会断钩、断线。

🔶 遛鱼时应注意些什么

溜鱼时应注意以下六点。

1. 避开水草、障碍物或不利地形。

2. 要自始至终绷紧鱼线，充分利用竿梢的弹性消耗鱼的体力，采用"∞"形遛鱼法。

3. 不要用手提线抓鱼上岸。

4. 一定要有耐性，不要猛拉，不要急于收线，不要过早地提鱼出水。不到鱼被彻底制服时，不要将其拖到水面上来。

5. 使用抛坠法手操线遛鱼时，应带上防护手套，以防手被钓线割伤。

6. 如果遇上根本抬不起竿的大鱼，只好伸平钓竿，制造"拔河"，使之拉断钓线，以保护钓竿。

抄鱼技巧

抄鱼，在人们的想象中是件很简单的事，只要把鱼从水中抄上来就行了。但是，这里所说的抄鱼，不是抄死鱼，而是抄鲜活的鱼，在水中活蹦乱跳的鱼，如果抄得不得法，鱼就会逃之夭夭。所以，要做到很有把握地把鱼抄上岸来，是需要掌握一些技巧的。有不少钓友，甚至是有些钓鱼经验的钓友，当发现大鱼上了钩时，都会因为担心鱼儿跑掉而心情紧张，手忙脚乱地想赶快把鱼提上岸，结果由于操作方法不恰当，未能抄住而让鱼跑掉，令人十分遗憾。

◆ 抄网要大而结实

准备抄大鱼用的抄网，网圈要大一些，网圈用的金属要求比较粗硬结实，防止在抄进大鱼时，受到鱼的大力挣扎被挣弯挣断而跑鱼。另外，抄网的柄要结实，柄和网圈要装得牢固可靠，防止在关键时刻柄被挣断或网圈和柄突然脱开而跑鱼。

◆ 抄鱼时有哪些技巧

在准备垂钓大鱼之前，要事先将抄网打开，放在距离身边不远的位置，避免在将鱼遛到一定程度需要用网时，一只手要提着钓竿，而抄网又离得很远拿不着，或是拿到了抄网而网缠绕着一时打不开，结果误了时间，忙乱中让鱼挣脱而逃走。

🔴 等到鱼肚翻白时再抄鱼

遛鱼必须把鱼遛得真正疲乏，直至肚子翻白，无力挣扎，浮在水面不能再蹦跳或窜动时，才能开始抄鱼。在遛鱼时，不能先把抄网放在水里等鱼，因为鱼看见抄网，就会受到惊吓而乱跳乱蹦，很有可能挣脱而逃走。

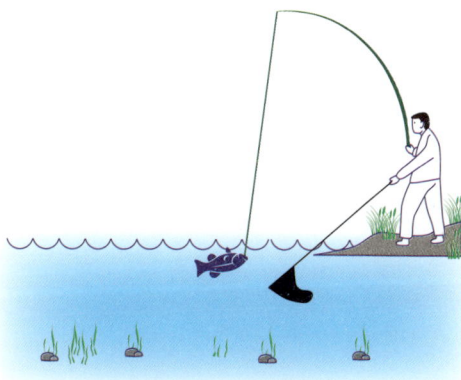

鱼肚翻白时抄鱼示意

🔴 把握时机顺势抄鱼

抄鱼时，必须看到鱼肚朝上时，再将抄网斜插入水中，以网口正对鱼头抄入，顺势使抄网向前推进，将鱼抄入网内。要做到一次成功，干净利落。因为拖着线的鱼钩，很容易挂住抄网，使鱼不能顺利抄入，误了时机，鱼会挣脱逃掉。用串钩钓到大鱼时，鱼钩向各个方向伸着，极容易牵钩在抄网上，影响将鱼顺利抄入网内，造成跑鱼，须特别注意。

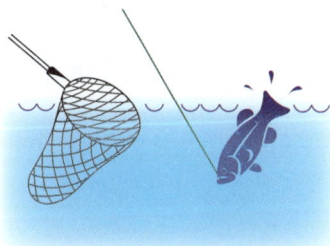

错误的抄鱼方法

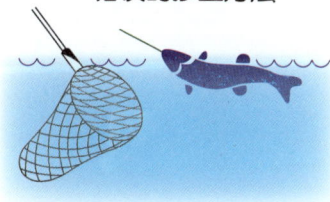

正确的抄鱼方法

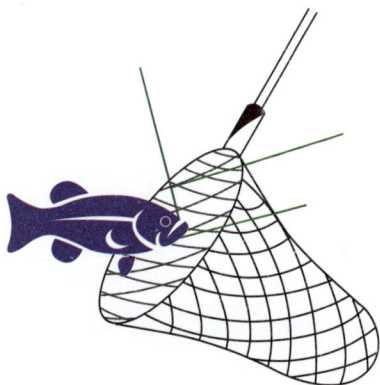

抄鱼时对准头部

○ 从鱼头来抄鱼

抄鱼只能从鱼头一方抄，要避免从鱼尾处抄，否则，就等于催鱼向前逃窜。因为网在水中有很大的阻力，抄鱼时推进的速度很慢，而鱼在水中向前逃窜的速度要快上很多倍，所以从鱼尾抄鱼，十有八九要失败。而且从鱼尾抄鱼，即使鱼已很乏力，也很难顺利地将鱼抄入，因为鱼鳞和网接触时，鳞片会翻开，阻碍鱼顺利入网，促使鱼向前逃脱。另外，从鱼尾抄鱼，鱼的背鳍、胸鳍、腹鳍都很容易挂在抄网上，导致抄鱼失败。

小贴士

对付小鱼扰窝方法

在垂钓中，常常会出现一些小鱼进窝点捣乱，饵钩一下到窝内，这些小鱼就来抢食，它们对着饵钩上的饵连咬几口，就把钓饵抢得精光，严重影响大鱼上钩，十分讨厌。遇到这种情况时，可以采取以下办法来对付。

（1）小鱼前来抢食时，将钓竿猛然抖动一下，将其吓跑。

（2）采取换饵的办法，因小鱼虾最喜欢吃红虫、蚯蚓等饵料，这时可换成素饵，小饵则换成大饵，软饵换成硬饵，也可换成山芋粒、玉米粒等素饵，小鱼对这类素饵不感兴趣。

（3）对抢饵食、撞鱼线、拖浮漂的小鱼，可在距窝点0.5~1米远处撒上一些麸皮粉或其他粉状饵料，将其引走。

（4）多打几处窝子更换钓点，即换一个新的钓点，但不打窝，再下钩垂钓，若过一会儿小鱼群又聚过来，则再换新钓点。

（5）把钓钩下到离窝子稍远些的地方，不让小鱼看见，停一会儿再慢慢移回窝内。

（6）把已经钓上来的小杂鱼，投进窝内，让它传播"此处危险"的信息，或把已上钩的小鱼不摘下来，仍将其连钩一起放入窝点内，让它在水中挣扎，以吓跑小鱼。

第七章

跟着大师
垂钓淡水鱼

在各种各样的淡水水域中，繁衍生息着数量巨大、品种繁多的鱼类，每种鱼都有不同的喜好，选对钓具、用对饵、找对钓点、选对钓法，就等于成功了一半。跟着大师垂钓淡水鱼，让鱼儿"愿者上钩"。

鲫鱼的习性及钓法

鲫鱼又称鲫瓜子、
土鲫、细头

🔶 鲫鱼的生活习性

🔸 鲫鱼的一般特征

鲫鱼属鲤科，在中国古代叫作鲋鱼，是中国数量最多、分布最广的一种鱼，也是垂钓者的主钓对象。鲫鱼的种类很多，但生活习性却基本相同。它属底栖性鱼类，习惯生活在水体下层。它生长缓慢，极少有超过1000克的。鲫鱼繁殖能力很强，一次产卵数万粒，产卵期长达半年以上。它有较强的抗病能力，较能耐低温，水温在10℃以下仍有摄食能力。

鲫鱼的活动规律

鲫鱼摄食的最佳水温为15～25℃，但在水温10℃以下时仍有摄食需求，故冰钓也能钓到它。鲫鱼在各个季节的摄食是比较有规律的，一般春季是它的摄食旺季，它几乎昼夜不停地摄食；夏季则在早上和晚上摄食；秋季差不多全天都在进行摄食活动；冬季则只在中午一段比较暖和的时间才摄食。

鲫鱼的食性

鲫鱼属于杂食性鱼类，蚯蚓、虾、小虫、面、饭以及水草、藻类它都爱吃，尤其喜欢吃水草的茎、叶、芽和果实。所以，钓鲫鱼的饵料比较容易获得。但生长在不同水体中的鲫鱼食性有差异，生长在河道中的鲫鱼喜食粮食性饵料，生长在湖泊中的鲫鱼习惯吃荤饵，而生长在池塘中的鲫鱼，两种饵料都爱吃。

鲫鱼的环境适应能力

鲫鱼对环境的适应能力很强，它鳞片上的保护色可随着水色变化，可变成灰色、银灰色、灰褐色、黄色、银白色和金黄色。它的体形也能随着生活环境的改变而适当改变，若生活在流动的活水中，水体的面积大，活动的范围大，其体形会变得扁长；若生活在较狭小的静水塘中，活动范围很小时，它的体形会变得短而扁宽且肥厚。

小贴士

鲫鱼还有一种癖好：很爱洁净。它们对有泥浆的污浊水域，会避而远之，若把它们放入污水、臭水中去，就不能生存，所以鲫鱼的鱼肉比较清洁。

🔶 钓鲫鱼的钓具选用

鲫鱼生性胆小多疑，因此，垂钓鲫鱼的钓具应软、细、小。一般多用手竿钓，钓竿要轻巧、细长、弹性好，玻璃钢竿或碳素竿均可，长度在6~8米；钓线要细，直径一般在0.15毫米以下；浮子可用10~12毫米的羽梗散子浮，这种浮子目标明显，看起来不吃力，浮子之间间隔6厘米左右；钓钩可用朝天钩，钩型应采用较小型的。如果鲫鱼小于200克，一般采用0.08~0.10毫米的细线、3号以下的小钩；如果鲫鱼大于200克，一般钓线也不应粗于0.15毫米、钓钩不宜大于5号。

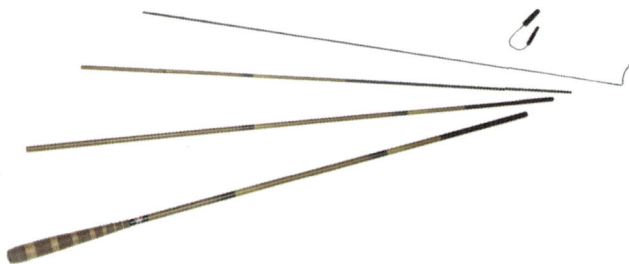

🔶 钓鲫鱼的用饵技巧

面饵是钓鲫鱼用得最多的素饵，它辅以曲酒、蚕虫粉、黄豆粉、芝麻粉、蚕蛹粉、鱼粉等拌匀，揉搓成软硬适中的面团即成。现在市场上有很多鱼饵出售，如"龙王恨""魔力"等鱼饵，它们配方独特，垂钓效果相当好，并可避开小鱼的干扰，垂钓者不妨一试。

鲫鱼是杂食性鱼类，荤素均吃，常用的荤饵是蚯蚓和蝇蛆，还有孑孓、蜻蜓等活性饵料。粮食性饵料以面粉、玉米粉为主料，可加入些花生粉、黄豆粉，最好再加入一些炒熟的米粉和芝麻粉，以增加饵料的香味，把上述各种粮食粉末加热煮熟，调成油灰状即成。

现在市场上有一种袋装的鲫鱼饵，它是以马铃薯粉为主料，加入麦粉和一些天然香料配制而成的，这种饵料具有广谱性，对各种鲫鱼都适用。如果觉得自制饵料太麻烦，可买这种袋装饵料。

🔶 钓鲫鱼的钓点选择

🔴 在有鱼食处寻鱼踪

鲫鱼是杂食性鱼类，凡有浮游生物、残花败叶、昆虫草屑等物之处，都是它们喜欢停留的地方。另外，鲫鱼也喜欢在水底有水草和其他水生植物，以及有乱石和杂物堆砌的场所中栖身。其他如池塘进水口的附近、桥墩的后面、河塘边有洄流的地方，也是它的栖息之所。

🔴 在适温处寻鱼踪

鱼类对水温要求很高，鲫鱼也不例外，尽管鲫鱼是比较能够适应水温变化的鱼类，但它仍然要避开过冷或过热的水温，而游向它感到温度适宜的水域。在天气炎热时，钓点应选在荫凉处和有阵阵微风吹到的地方，以及水深的水域；在天气寒冷的季节，钓点应选在被阳光晒透的浅水区和有建筑物挡风的水区，以及背风的桥头和岸边。若在春季垂钓，宜选择水浅些的水域，最好是在大岩石的旁边和离岸不远有水草处作为钓点；在夏季的早晚垂钓，可将离岸近些的浅水水域作为钓点，到了中午，天气热了，就应选择有遮阳的较深水域；在秋季的晴天，应在水域较深处落钩；冬季天冷，只能在深水潭边以及有阳光照射处下钩；此外，阴雨宜在有水草的岸边找钓点。

● 在溶氧量充足的水域寻鱼踪

在溶氧量充足的水中，鱼感到舒服，行动活跃，食欲旺盛，吞钩的可能性较大。流动的水域中溶氧量较高，是鱼儿喜欢汇集和活动之处，适宜作为钓点。有些池塘，其周边有少量的水流入池塘内，那么这个入水口的旁边就有微量的洄流，也是较好的钓点。在春、秋季温度正常时，有微风吹来的岸边水域中溶氧量比较充足，也可作为钓点，若水中生长着一些水草，那更是较理想的钓点。在池塘中垂钓，宜在池塘的边角处寻找钓点；在江河中垂钓，宜在江河的分汊处和有桥墩、木排、木桩处，若这些地方附近有水草或芦苇丛生，则其近处便是良好的钓点。

◆ 钓鲫鱼打窝子的方法

● 打窝用的鱼食

打窝用的鱼食有两种：一种是用豆饼、麦麸、酒糟等的细粉，加点儿有香味有黏性的粉料，加水拌和做成蚕豆般大的颗粒，大的如核桃大小，晒至半干后使用，一般每个窝投放3~5颗；另一种是用米饭晒成干粒或直接用碎米，每个窝投撒一小把。钓鲫鱼打窝，用碎米和干饭粒比较合适，因为鲫鱼个体小、嘴也小。打窝的数量不拘，可根据情况来决定，一般可打3~5个，以轮换着垂钓。垂钓过程中，如有的窝中久钓无鱼，则应放弃；如有的窝中频频上鱼，说明窝点位置正确，就要适时续窝，以引诱更多的鱼前来"就餐"。

⊙打窝的地点

窝应打在离岸边不太近又不太远的水域中。如果太靠近岸边，鱼会害怕；但离得太远也不好，垂钓起来比较吃力，若有500克以上的大鲫鱼吞钩，就不容易提竿。窝最好是打在比竿短1米处，即若用的是4米的竿，窝应打在离岸3米左右的水域中比较适宜。此外，选择打窝的岸边，最好要有些树木，若在没有树荫的阳光下垂钓，最好要位于阳光从左侧或右侧射来的位置，因为在阳光从正面直射处垂钓，光线会直刺垂钓者的眼睛，从而无法看清鱼漂的起落；若阳光从垂钓者背后射来，人的影子倒映入水，则会把鱼吓走。最后，打完窝后切不可忘记在岸边做上记号，否则，等到要垂钓时，就会搞不清曾在什么位置打过窝，找不到打窝的地方了。

◆ 鲫鱼吞钩有哪些规律

根据有经验的垂钓者观察，鲫鱼吞钩是有一定规律的，这从浮漂的移动上可以清楚地反映出来。鲫鱼吞钩一般有三个步骤。

1. 品尝。当鲫鱼发现饵钩时，并不会贸然上前吞食，而是很小心地游近饵钩，很犹豫地咬一咬饵的一部分。这时浮漂会点一两下，下沉随后又回升至原位。

2. 试探。经过第一步品尝之后，鱼儿认为饵食是对胃口的、滋味是不错的，于是就企图将食物拖走，但还没有去吞食饵钩，这时浮漂会出现轻轻移动的现象。

3. 吞钩。经过一阵拖咬饵物之后，鱼儿未能拖走饵物。此时它已食欲难熬，开始将饵钩吞入口中。这时鱼漂出现送漂，即浮漂从水下缓缓上升，这是鲫鱼咬钩的典型现象，此时提竿，十拿九稳。有时还会表现为拖漂和黑漂，要注意观察。

钓鲫鱼的几种方法

春季用浅滩钓法钓鲫鱼

每年的3~4月间，在池塘的避风处水温已有所上升，若再遇到晴朗的天气，气温将进一步上升，鱼儿就开始进入了活跃时期，这时水中的溶氧量充足，鱼儿食欲转旺，再加上鲫鱼在整个冬天都处于饥寒交迫的困境中，比较需要食物，这时垂钓是个好时机。浅滩垂钓法需要前一天傍晚先打窝，第二天上午去钓。垂钓者如果距离水面较近，用短竿钓操作起来比较方便灵活；距离较远的可用长竿，长竿上的鱼钩要用小的，但钩尖必须锋利，鱼线要细而短，可以既不用浮漂，也不用坠。钓饵宜用活的红蚯蚓，让活蚯蚓在钩上能继续蠕动，这样最容易招引鲫鱼前来吞饵。饵钩宜下在鱼群的前方或侧面，一旦有鱼吞饵，立即提竿收鱼，效果较好。

组钩的组合　　串钩的组合

用投竿串钩钓法钓鲫鱼

鱼一般都胆小怕喧闹，会躲在远处、深处。尤其是夏天和冬天，因气候原因，鱼一般躲在深水处。此时可用投竿把饵钩甩至远处，不仅可多钓鱼，而且有可能钓到大鲫鱼。钓具以小巧为主，钓饵多用荤饵，如蚯蚓等。将钓饵装钩后，甩至30~40米以外的水域，支好钓竿，收紧钓线，挂上小铃，即可静候，待铃响或回线提竿即可收鱼。

河道深流钓法钓鲫鱼

垂钓者大多是在溪边或池塘边钓静水中的鲫鱼，在较深且有相当流量的河道中钓鲫鱼并不多见。若周边有较深的河道，也不妨尝试一下用河道深流钓法钓鲫鱼。用河道深流钓法钓鲫鱼，一个人只能看一两副竿。所用的钓竿是5米左右的长竿，鱼线的长度为4~4.5米，其他如鱼钩、浮漂、坠子都用比较大的。操作时，把饵钩甩到河道的中心部位，较大的鲫鱼常在这种水流中逆流而上，若发现鱼饵，会猛吞饵钩。若发现有鱼吞钩，应迅速起钩。只要河道水流中有鱼经过，这种钓法是比较有效的。由于这种钓法专钓过路的大鲫鱼，所以不需撒饵打窝。

怎样用浮钓法钓鲫鱼

当天气闷热、气压低时，水中的溶氧量减少，鲫鱼难以承受缺氧的状况，便浮到水体的中、上层。这时若还是底钓，则收效甚微，因此，可改用浮钓。浮钓法一般采用卧钩，用增加浮漂浮力的办法使鱼钩漂浮在水中不着底，根据鲫鱼在水中游动的层面，用浮漂调整鱼钩的深浅。浮钓时浮漂在鲫鱼吞饵时的反应一般是下沉，此时提竿便可得鱼。

鲤鱼的习性及钓法

鲤鱼又称赤鲤、鲤拐子等

◆ 鲤鱼的生活习性

● 鲤鱼的一般特征

　　鲤鱼属鲤科，体长侧扁而厚实，背鳍稍隆起，嘴边有一对短须，体侧的两条侧线清晰可见。因为成长快，因而一般小至1500克，大到30千克的都很常见。其种类有鲫鲤、湖鲤、野鲤、散鳞镜鲤等，它也是中国各地钓鱼者主要垂钓的品种之一。

🐟 鲤鱼的活动规律

鲤鱼的食性、习性和鲫鱼有不少相似之处，也是杂食性、底栖，只是对水温的要求比鲫鱼稍高，产卵的环境要求有18℃以上的温度；鲤鱼不耐寒，冬季水温低于10℃时就不爱活动，所以冬季人们不易钓到鲤鱼。此鱼爱单独生活，不喜群居。鲤鱼喜栖留在水体的底层，特别喜欢栖息在水底坑洼、陡坎、乱石等隐蔽性强的水域。鲤鱼平时喜欢在水底淤泥中觅食，觅食时用嘴巴和胸鳍搅动淤泥，使得水底发生阵阵成团气泡，这就是所谓的鲤"翻筋"。鲤鱼食性较杂，生长很快，生命力强，较能耐高温和污浊的水。鲤鱼性胆小，怕强光，喜活水和流水，性好动，有溯水而上的习性，好追波逐浪，在静水中也时常跳出水面，民间"鲤鱼跃龙门"之说即是写照。此鱼分布极广，目前，世界上几乎所有国家都有它的踪影，且被广泛养殖。我国养殖鲤鱼已有2000多年的历史，除西部高原地区外，凡水资源丰富的地区皆有养殖。

🔶 钓鲤鱼的钓具选用

鲤鱼体重1000克左右者极为普遍，2000～5000克的也很常见，最大者可达50千克。鲤鱼力量较大，因此，垂钓大鲤鱼需要有较高的技术，也需要有较适宜的钓具。钓鲤鱼用海竿比较合适，因为用海竿钓大鲤鱼一是可以投得远，二是遛鱼方便、省力。当然，用手竿也能钓，只是对钓具等有较高的要求。手竿要求有一定长度，最好要能达到8米。手竿较适宜在小面积水域或一般的池塘用。手竿应用较结实的中调竿或硬调竿，钓线的主线直径为0.35～0.45毫米，钓钩宜用钩门宽、钩底深的中号或大号短把钩，浮漂用稍大的立漂或星漂，坠子随浮漂浮力的大小选择。

◆ 钓鲤鱼的用饵技巧

鲤鱼食性很杂，它喜香味和甜味，微酸味次之，诱饵和钓饵应根据上述原则进行配制。钓饵可用植物性的，也可用动物性的。如是植物性的，可用玉米（干的需经水浸泡）、面团、米饭、红薯或酒糟和麦粒拌和面粉；动物性的，可用小虾、螺蛳肉、蚯蚓、蟋蟀、蚱蜢、蝼蛄、线虫等。打窝用的诱饵可用酒糟、菜籽饼、鲜牛粪、加入鱼粉的鸡饲料、曲酒喷豆饼等。

◆ 钓鲤鱼的钓点选择

炎热的夏季是钓鲤鱼的黄金季节。选择钓点需因地制宜、因时制宜：涨水的时候，应将钓点选在河口附近洄水之处；落水的时候，应将钓点选在深水的潭区；刮风的时候，应将钓点选在逆风的岸边；下过雨的时候，应将钓点选在水浑的水域；在大江上钓，钓点应选在码头旁边；在有排洪闸的地方钓，钓点应选在闸的两边；在瓶口形的江河边钓，钓点应选在瓶口下游的两边；在溪河宽的河段钓，要在河面较窄的河段下钩；在溪河窄的河段钓，应在河面宽的河段下钩；在不宽不窄的河溪中，应在河道中间下钩；在河岸平直之处，应选较为凸

出的岸边下钩；在有闸坝的地方，应选闸坝的两侧下钩；在有活水流动的池塘或溪流中，应在进水口旁边定钓点；在没有活水流动的池塘定钓点，应找有水草的水域下钩；当发现有水色较浑浊的水塘时，宜在浑水边处下钩；在人多而声音嘈杂的场合，钓点应选在离人声较远的水域；在早春和冬季垂钓，应选择深水且向阳的水域做钓点；春末、夏初季节，正是鲤鱼产卵孵化的时期，钓点应选在河岸边；有水生植物的水域，钓点宜选在芦苇、蒲草、浮萍的附近。此外，河沟两头的尽头处，宁静偏僻的河湾，以及涵洞、桥下，都是垂钓鲤鱼的好地方。

在夏季炎热的天气里，特别是烈日当头的时刻，能够遮阳的大树下和有山峰或建筑物挡住阳光的处所，是鲤鱼避暑的好地方，当然也是钓鲤鱼的好钓点。7月中下旬，在水库进水口的上游处、入水口边的鲤鱼是最多的；在秋季，有洄水旋涡的水域，或是有缓缓流水的水域，是鲤鱼最喜欢聚集的地方；河道下游深水区，水草、树根、卵石多，都是鲤鱼栖息处；养鱼塘的喂食处，也是鲤鱼聚集的地方。选择这些水域为钓点，获得丰收的可能性会很大。

🔹 钓鲤鱼打窝子的方法

钓鱼界有一句非常切合实际的谚语，叫作"钓鱼打窝，越打越多"。确实，钓点如果选对了，窝也打得好，取获就有了保证。打窝最主要的就是诱饵要对路，也就是说诱饵的品种要合乎鲤鱼的口味。鲤鱼最爱吃的是新鲜的牛粪（牛粪诱饵的做法是：用稻草碎屑碾成粉末状，掺入新鲜牛粪，再加入面粉拌和均匀，捏成拳头大小的团块），以及其他粮食粉末和颗粒做成的饵料，这类饵料应有甜味和香味。此外，用豆饼碾成粉末，加入曲酒，再加些面粉拌和并蒸熟制成团块，也是鲤鱼喜欢吃的饵料。窝子一般可打3～5个，几个窝之间的距离不能太分散，应该靠近一些，这样可以形成一个吸引鱼儿前来的聚集区，有利于鱼儿上钩。诱饵要多放些，在这方面不能小气。当发现诱饵快吃完或钓到2～3条鱼后，就应及时补饵，以使鲤鱼能较长时间聚在窝点范围内。当牛粪诱饵撒入窝点，隔10～20分钟后，就可见到草屑浮上水面，此时即可抓紧下钩。若经过较长时间仍不见泛出鱼星，应考虑换窝，不能长时间等下去。

◈ 钓鲤鱼的下竿技巧

◑ 喂窝下竿法

钓鲤鱼下竿有几种办法，最为普遍采用的是喂窝下竿法。这种方法只要在打窝后隔一会儿，把饵装上钩后下竿就行了。需要特别注意的是，如果窝子附近或周围没有水草，鱼线可以用得长些，一般可以超过竿的长度。线长的好处是：一旦需要与大鱼周旋，便于收线和放线，有较大的处理余地，线短了遛鱼时就比较困难和费劲。但是在窝点附近和周围有较多水草时，钓线就应该短些。因为一旦有大鱼上钩后，大鱼会将饵和钩拖入水草丛中，而线长了容易被水草缠住。这时，若鱼进行挣扎，钓线只得拉紧，很容易把线弄断，鱼也跑掉。

◑ 见鱼星后下竿法

另一种下钩法是，当窝子打好后，就在钩上装上饵料，然后静静地注视着窝点附近的水面，待水面出现鱼星时，立刻下钩。值得注意的有三点：一是下钩的动作尽量要轻，不可发出任何声音，让饵钩轻轻落入水底，以免鲤鱼受到惊扰；二是下钩的位置要准确，必须下在鱼星移动的前方，才有好的效果；三是根据鲤鱼的觅食习性，垂钓应采用"守株待兔"钓法。在选好钓点之后，要坚持固守，耐心静候，过一段时间后可提竿换新饵，有时可用荤饵换成素饵，如用饭粒来蒙骗鲤鱼。尤其是在窝子周围出现鱼星时，不能像钓鲫鱼那样经常提竿引逗，否则胆小、机敏、狡猾的鲤鱼会被吓跑的。实践证明，换饵太勤，误提次数多，必然会干扰鲤鱼吞食，丧失上钩时机。

鲤鱼觅食示意图

◆ 钓鲤鱼的提竿技巧

提竿必须掌握时机，提早了或提迟了都会钓不着鱼，不仅让上钩的鱼跑掉，还会惊动整个窝中的鱼。所以，提竿是钓鱼过程中技术性很强的动作。

● 根据鲤鱼的吞钩特点提竿

鲤鱼虽然体大嘴大，但它看见饵钩不是一上来就一口吞下的，而是常常要经过多次尝试，才会吞下。鲤鱼对食物先是闻闻碰碰，可能是闻气味，分辨是什么种类，也可能是尝尝什么味道，判断是否对胃口。这反映在浮漂上就表现为浮漂很不稳定，有小幅度的浮浮沉沉；鲤鱼觉得饵食确实可口，并且没有危险时才会张口吞食，吞入后立刻游走。这在浮漂上的反映是浮漂徐徐地向下沉，出现"黑漂"，此时及时提竿，准能把鱼提上岸。若看见浮漂一沉一浮就拉竿，那时正处在鲤鱼的试探阶段，竿一拉，鱼就跑掉了。若太迟了也不行，因为它常常吞进去后又再吐出来，要经过2~3次反复才能最后吞下，若正在鲤鱼吐出饵的时候去拉竿，就会落空。

● 大鲤鱼的提竿技巧

大的鲤鱼吞钩有以下四种表现。

（1）窜。鲤鱼突然被钓钩钩住，疼痛异常，便负痛狂窜，这时垂钓者要冷静、沉着，充分发挥拽力装置或竿线的柔韧性作用，缓冲鲤鱼的冲力，消耗鲤鱼的体力。

（2）跃。鲤鱼在狂窜中，因疼痛受惊，便跃出水面，这时钓鱼者要有充分准备，切勿绷线过紧，以免拉断钓线。

（3）卧。在窜、跃均未奏效时，它又会猛然沉底，把前半身扎入泥中，卧着不动，这时钓鱼者应发挥竿尖弹力作用，时松时紧，引它游动，不给它以喘息之机。

（4）绕。大鲤鱼还有一个"绕"的本领，就是它会牵着钓线在原地打转，钓线也就一松一紧，有时它还会围绕水底障碍物转圈，这时垂钓者应绷紧钓线，阻止其绕圈。由于鲤鱼力大，垂钓者事先一定要有准备，应该沉着、冷静、耐心，要紧握鱼竿，让鱼竿绷紧成弯弓状，必要时，可缓缓放线，若已无线可放时，可随鱼拖的方向跟上几步，但鱼竿始终不能放松，必须时刻让鱼竿绷紧，实在太紧时可让鱼竿的弯度略微小一些。相持约10分钟后，可不时将鱼拉出水面，使鱼呛水，一连呛上几次，鱼的力量就会越来越小。

草鱼的习性及钓法

草鱼又称混鱼、鲩
鱼、草根、混子鱼

🔶 草鱼的生活习性

　　草鱼属鲤科，是中国四大家鱼之一。它是一种生长很快、适应性很强的草食性鱼种，以喜食草而得名。它贪食，消化能力强，生长快，个体大，在天然水域中，有的可长到50多千克，5~10千克则是常见的。草鱼主要的食物是生长在水中的草本植物，在水温25~30℃时摄食量最大，它抗温、耐寒，适应能力强，几乎四季皆能进食，但摄食强度不同。它对食物没有苛刻的要求，饲养成本低，易长大，所以中国各地普遍养殖。草鱼喜在水的中上层巡游觅食，长大后不常进入深水层，但因比较贪食，在水草少的生活环境中，有时不得不到河底觅食。因而在水草供应不足的池塘下钩钓鲫鱼时，却常常能钓到草鱼。

◆ 钓草鱼的钓具选用

钓草鱼不必用太大的钩和太粗的渔线，这是因为它的吻部圆而厚，在一般情况下，钓钩可选用伊势尼龙形515号、环形413号、鹤嘴形113和114号；渔线可选用拉力2～3号的优质尼龙线，以软脑线拴钩，钓线以长些为好。钓竿应坚固、韧性好，长度视所钓水域而定，手竿、海竿均可。

◆ 钓草鱼的用饵技巧

● 钓草鱼的诱饵

草鱼以植物性饵料为主食，但对动物性饵料也不拒绝，且喜食活动在水中的昆虫。由于它觅食时一般靠嗅觉，所以钓饵应考虑采用带有浓郁香味的。草鱼的味觉也较灵敏，因而钓饵还应兼顾鲜味。因此，带有酒、香油、复合维生素等味道的钓饵，对它特别有吸引力。根据上述特点，一般多用菜籽饼、酒糟、白酒浸小米、麦麸、酒泡碎米、青草、南瓜叶等作为诱饵。

● 钓草鱼的钓饵

钓饵可用红虫、蛆虫、面包虫、蚯蚓、小虾、肥肉条、饭粒和面包，还可用蜻蜓、螳螂、蚱蜢、蝼蛄、飞蛾、蟋蟀，以及嫩玉米粒、熟红薯、麦芽、桑葚、鲜黄瓜、酒糟浸麦粒、嫩苇芯等。根据钓鱼高手的经验，钓草鱼春季宜用动物性荤饵，夏、秋两季则用植物性素饵更为适合。

◆ 钓草鱼用饵的制作方法

1. 用粮食类制作钓饵时，不可缺少带香味的原料。若用极细的麦面粉、玉米面和其他粮食类细粉混合制作时，可加适量的水和匀揉成面块，置笼中蒸熟。例如，在100克面饼中加入25克香油、20克复合维生素B和50毫升白酒，然后用力揉匀，搓成粗面团，用刀切成小块，再搓成约蚕豆大小的圆球，穿在钩上把钩包住，即可用于垂钓。

2. 用山芋做钓饵，做法是将山芋切成约1厘米见方的块，上笼蒸至5～6成熟（不可蒸得太熟，否则熟烂了，不能穿钩用），取出晾至半干，即可穿在钩上垂钓。

3. 用嫩玉米粒或嫩青豆做钓饵，应将玉米粒或青豆先放在水中浸泡10～20分钟，让它膨胀后穿在钩上使用，玉米粒或青豆最好是8成熟左右的。若玉米粒或青豆较老，应让其在水中浸泡半天后使用；若是晒干后的玉米粒，需浸泡24小时以上才能使用。

4. 用蟑螂、蟋蟀、螳螂、油葫芦等昆虫做钓饵时，应先将其头、脚、须、翅剪掉，只留躯干部，然后从头部穿钩。青色的蝗虫，是上佳钓饵。

5. 用蛆虫做钓饵时，应从尾部向头部穿钩，穿过倒刺再往前拉，把钩尖包裹在内，不让它露出来。

6. 使用红虫做钓饵时，应先用白色的线捆扎成团。上钩后，再在钩尖上穿一条较粗的红虫，将钩尖掩盖住。

7. 使用蚯蚓做钓饵时，钓钩需用长柄的。穿钩时，可把蚯蚓掐断，从断口处穿钩，再将其余半截蚯蚓也穿上一段，留一段在钩外，让其能在水中晃动，对草鱼有更大的诱惑力。

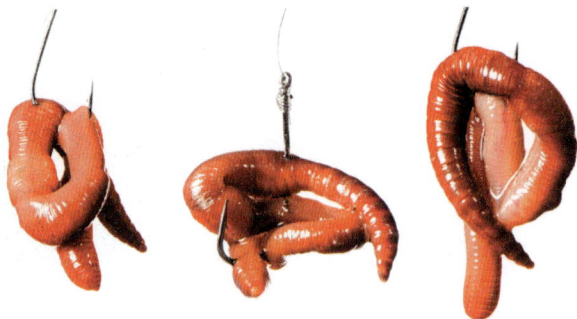

钓草鱼打窝子的方法

打窝的地点和窝的种类

钓草鱼也需要打窝，打窝的步骤和钓鲫鱼类似。值得注意的是，在水体深的水域打窝，应打在浅水处，但在水体较浅的水域中打窝，则应该打在深水处。打窝该打多少，要根据水面大小和鱼数量的多少以及要钓多长的时间而定，一般可在4～10个范围内选择。窝有两种：一种是底窝，一种是浮窝。浮窝可用青草做，让它浮在水面上，或接近水面；沉底的诱饵可用粮食做，但必须使用较多的酒糟，以便有香味散开，引来鱼群。

打草窝示意图

打窝后多备饵料

诱饵的备料要尽可能多些，饵料多，在水中的目标就大，可以较快地引来较多的鱼吞食饵钩，也可避免饵料很快被吃光，再也没有鱼到窝点来的情况。多备饵料，并非要一次下得很多，而是在发现饵料快被吃完时，陆续补窝。至于每个窝应该投饵多少，需看水的深浅而定，不能千篇一律。水浅宜少些，水深则必须加量。若在1米以内的浅水处打窝，只需用混合饵料的湿料揉成鸡蛋大小的粉团投入水域中即可；若水深超过2米时，需揉成拳头大的粉团投入，或以数个鸡蛋大的粉团一起投入才够。所以，诱饵的投放，既不可太少，也不能过多。太少了，诱饵被吃完后鱼群就散去了；太多了，鱼吃饱了，它也就不愿留在窝点了。

钓鱼经验谈

不能忽略补窝。为使钓窝在较长时间内有较好的效果，及时补撒诱饵是必不可少的。有些人在钓窝"正发"不断上鱼的时候，往往只顾摘鱼抛钩，而没有考虑到水下的诱饵已消耗完毕。等到钓窝的香味没有了，鱼儿走光了，突然显得冷冷清清时，才想起来补窝，可是已经来不及了。所以，钓鱼者必须记住：当钓窝鱼星四起，频频上鱼时，表明有群鱼争饵，这时就应及时补饵，以稳住钓窝里的鱼群。

◆ 钓草鱼的钓点选择

🔵 选在水温最合适的地方

不论哪种鱼，它总是喜欢在自己感到舒服的地方栖留，对鱼来说，最重要的是水温适合，水温太高太低，它都会感到难受。适合草鱼生活的水温是5～38℃，草鱼对温度的适应能力是比较强的，并不娇气。但它觉得最舒服的水温是27～30℃。

🔵 选在含氧量高的水域

各个水体的含氧量是不同的，即使是同一个池塘，各处水域的含氧量也有高有低。那么，哪些地方的含氧量比较高些呢？首先，是池塘的进水口，因为进水口的水是流动着的，凡有水流动的水域其含氧量必然高；其次，是增氧机旁，这是很明显的，增氧机不断地把水搅得水浪翻滚，有水浪翻滚的水域，其含氧量必然高；再次，是迎风的岸边，风吹到水面，会使水体增加含氧量；最后，迎风岸边的水必然有或大或小的波浪，这也会使水体增加含氧量。

🔵 食物多的地方

在江河流水处的洄水湾、浅滩处，涨水时被水淹没的草丛处，饵食丰富，均是垂钓草鱼的好钓点；在产卵时节的产卵场附近，草鱼群集于此，那里也是较好的钓点；在静水水域，若是定点喂食区、有流水注入处、水域中水草较多处、岸边树木杂草丛生处，以及庄稼地、草地附近，这些地方有草鱼喜食的丰富饵食，均可作为垂钓草鱼的钓点。

钓草鱼的几种方法

多钩悬钓法钓草鱼

　　每年从仲夏开始，即从6月开始至9月这段时间，是钓草鱼的最佳时期。这段时间，用多钩悬钓法进行垂钓效果甚好。使用多钩悬钓时，可在饵钩入水后由水底斜着向上，使钩成阶梯状悬于水体的中下层。使用手竿时多钩为垂直状态，一般悬钩为4枚。悬钩的钓饵，可用草汁或青菜汁的汁水拌和面粉，反复搓揉后捏成面团，再搓成直径约1厘米的

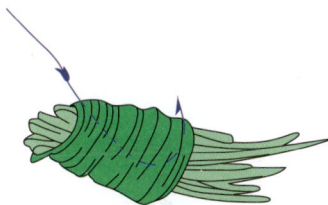

绿色叶类植物装钩

圆球，穿挂在钩上。除上述以粮食和草汁、菜汁混合制成的素饵外，也可直接用菜叶、草叶挂钩，还可以用蟋蟀、油葫芦、蚱蜢、蜻蜓等昆虫为饵料。采用这种钓法不必挂漂，因为草鱼口大，咬钩时大多一口吞下饵钩，所以能够直接利用竿梢在水中较大幅度的抖动或不断地斜拉和下沉，感觉出鱼儿是否上钩、是否已吞食，从而及时地掌握扬竿的时机。

沉底草窝钓法钓草鱼

　　取一根略长于水深的细竹竿或树枝，在竹竿的2/3处捆一把嫩草或菜叶，上面剪整齐，竹竿下部系一根绳子，下面捆以石块，坠入拟垂钓的水里做窝（可在不同地方做3~4个），一旦草窝处有鱼星或碎草浮起，或发现竹竿晃动，说明有鱼进窝，即可下钩。钩上可挂菜叶、草叶，也可用面饵或昆虫，钓饵必须悬在高于草尖5~10厘米处。草鱼吃食，浮漂常先点动而后上冒，接着下沉，上冒、下沉时均可提竿，

沉底草窝的示意

手腕要先用力一抖，将鱼挂住，而后将其控制，顺势引遛，草鱼耐力持久，引遛时要有耐心，待其翻白无力时再用抄网抄起。

青鱼的习性及钓法

青鱼又称乌青、
黑鲩、螺蛳青

◆ 青鱼的生活习性

　　青鱼是一种经济价值较高、肉味鲜美、生长很快、对环境的适应性较强的鱼种。它是一种饲养鱼，若饲养环境适宜，食物充足，最大的可长到超过50千克。青鱼体色青黑，鳍呈灰黑色，故名青鱼。青鱼性情刚强，力气很大，喜欢在水的底层生活，很少到浅水处游动。青鱼常以水底的螺蛳、蛤、蚬和幼蚌为食，也吃些小虾和其他水生昆虫。青鱼一般要长到10～15千克重时，性器官才能成熟，其产卵的数量很大，年产卵量可达到百万粒。

🔶 钓青鱼的用饵技巧

青鱼对腥味，尤其是对螺、蚌、蚬的肉味很感兴趣，因此，这类软体动物是很好的诱饵，可就地捞取，砸碎后投于钓点。由于青鱼食量大，因此，诱饵用量要多。此外，也可将软体动物砸烂后，与糠饼、豆饼、麦麸、米饭等青鱼常吃的饵料混合后捏成团，大团大团地投入钓点，或把平时经常投放的饵料取来投于钓点，都可取得很好的诱鱼效果。钓青鱼的最佳钓饵是田螺肉，其次是蚌、砚肉。装饵的方法有两种：一是去壳取肉装钩，应把钩装满；二是将壳稍敲碎，连壳一起装钩。在人工饲养的环境下，青鱼的食性有较大改变，因此，含高蛋白的素饵也成了钓青鱼的好钓饵，可在粮食类饵食中掺入鱼粉、蚕蛹粉等腥味剂，效果也很好。

🔶 钓青鱼饵料的制作方法

🔵 青鱼植物钓饵的制作方法

配方：半熟或熟的地瓜、马铃薯，均切成1厘米见方，加鱼粉或蚕蛹粉适量；米饭、面团、混合饲料加面粉和腥味剂。

说明：垂钓时，地瓜、马铃薯外表粘一层鱼粉或蚕蛹粉后可直接挂钓；米饭、面团、混合饲料加面粉和腥味剂，适用于炸弹钩。

🔵 青鱼动物钓饵的制作方法

配方：鲜螺或螺肉、河蚌肉、蚯蚓、虾肉、大青虫、油葫芦、蟋蟀、蜗牛、蚕蛹等。

说明：上述材料等均可用作青鱼钓饵，其中螺肉是钓青鱼的最佳钓饵。如果垂钓水域有青鱼，用螺肉专门钓之，有立竿见影的效果。

🔶 钓青鱼的钓具选用

由于青鱼力大劲猛，最好用3~3.6米长的海竿。如采用传统手竿钓法，要求钓竿有很大的强度，长度要在7米以上；鱼线应用4号的粗线，其拉力应达8000克；鱼钩的钩条要较粗壮，钩门要有相当的宽度，钩尖要锐利。青鱼的鱼体虽大，胆子却很小，白天不敢到近岸处来觅食，所以采用长竿长线比较有利。浮漂应采用大号的立漂，这种浮漂虽迟钝一些，但配以较重的铅坠，能抛投到较远的钓点，而且有较好的稳定性，对江河的风浪也有一定的对抗能力。

🔶 钓青鱼的钓点选择

🟠 根据青鱼食性选择钓点

青鱼食性杂，以肉食为主，喜食螺蛳、蛤、蚌、蚬等水生贝类动物，也吃蚂蚱、蚯蚓、青虫、油葫芦、蜻蜓等昆虫，以及水中底栖动物的幼虫，人工饲养时，青鱼主食粮食饲料。青鱼的胆子很小，一有动静，就潜伏进深水中躲避起来。它不像草鱼那样好动，喜欢静静地栖息在水底有水生动物生活的泥层上，常在水底的泥土中觅食。根据以上特性，找钓青鱼的钓点，应在有一定水深，螺蛳、蚌等贝类动物较多的池塘、湖泊等处选择合适的钓点。此外，也可在水底有砾石、木桩和其他障碍物，以及有水生植物的水体处找。

观察水泡选择钓点

夏天和秋天，在比较安静的湖泊、水库等水域的边沿地带，常会有青鱼游动觅食，垂钓者可在早晨和傍晚到这些地方观察，有青鱼游动的地方会泛起泡沫。青鱼泛起泡沫的位置没有规律，但泡沫是否是青鱼所泛起很容易分辨，因为青鱼所泛起的泡沫中除有小碎泡外，总有几个掺杂着一些或长或短的草茎和其他植物碎屑的大气泡。若发现这样的大气泡，就说明此处有青鱼，可以作为钓点。

根据青鱼胆子小，一有动静就会钻入水底的特点，在寻觅钓点时，脚步要轻，垂钓时更要小心，避免发出响声，使青鱼受惊逃跑。因此，钓点应到人迹稀少的郊外池塘、湖泊边上去找。

教你一招：怎样钓大青鱼

将钓饵装钩送入钓点，青鱼摄食时将饵食吸入口中，利用咽齿将食物碾碎后吞咽。所以青鱼在咬钩时，浮漂的反应平稳而缓慢，起伏不大，常表现为慢慢地沉入水中不再浮起来。当持竿的手感觉到钩上有鱼时，不必紧张，因为青鱼一般不会猛然逃窜，常见的情况是拖着钩平稳地游开，提竿的手会感觉到拖力很大，几乎握不住竿子，此时唯一的办法是适当放线，改变站位，人随着鱼拖的方向沿河岸跟着走一小段距离，时紧时松地与之周旋，耐心遛鱼，直至它没有力气后再将它提拉至岸边，用抄网套住拉上岸来。

鳊鱼的习性及钓法

鳊鱼又称鳊，亦称长身鳊、鳊花、油鳊

鳊鱼的生活习性

　　鳊鱼，古称武昌鳊或鲂鱼，因盛产于武昌一带江中而得此名。除武昌鳊外，还有长春鳊、辽河鳊、三角鲂、团头鲂等其他品种。鳊鱼主要栖息在水体的中下层，当气温超过20℃时也到上层活动，在气温低于5℃时，它们行动缓慢，聚集在深水区。鳊鱼在流水和静水中均能生长繁殖，尤喜流水环境。它们喜群居，多结群游弋，如在一处钓上鳊鱼，下面往往有一群鳊鱼。鳊鱼产卵期在5～6月份，对产卵环境要求较高，一般需在水底软泥多沙处或水草茂密、水深2米左右的水底产卵。鳊鱼属草食性鱼类，但食谱较宽，也吃多种荤饵，如蚯蚓、螺蛳等；食欲强，常成群结队游弋在水中植物繁茂区域争抢食物，一年四季都能摄食，故冬天也能钓到。鳊鱼属中小型鱼类，以500克左右的最为常见，超过1000克的很少见。

◆ 钓鳊鱼的钓具选用

因鳊鱼的鱼体不是很大，所以钓鳊鱼的钓竿选用中等弹性的竿即可，竿长宜在3.5～5米之间。如果钓点的水草较多，可采用长竿短线钓法。钓线的长度与竿的长度差不多，可选用0.8～2号尼龙线，也可用2300～2700克负荷的胶丝线，线的颜色最好

是草绿色的，鳊鱼的视觉很灵敏，白色线可能会使它产生疑虑而被吓跑。如是白色的尼龙线，可用绿色水草在线上将几次，将其染成绿色。钓鳊鱼的钓钩应选钩门较窄的小号鱼钩，但钩条的钢丝应当粗些，可用铁锚牌816、817等中型偏小的钩或HHH万能袖钩3～5号等。浮漂和铅坠用普通的就行，但浮漂的浮力与铅坠的重力配比应为1：1，这样，当鳊鱼咬钩时，浮漂的反应就比较灵敏。

🔖 钓鳊鱼的用饵技巧

钓鳊鱼打窝用的诱饵有很多品种可以选择，一般多用几种原料混合起来制作，如果取材不方便，少几种也没有太大的影响。

🟠 诱饵

鳊鱼虽是草食性鱼类，但对香味有偏爱，故诱饵中要突出香味。诱饵的原料是：玉米粉、花生粉、芝麻粉（重要原料）、蚕豆粉、黄豆粉、喂鸡用的成品饲料豆饼或麦麸碾细的粉末以及酒糟、曲酒浸泡过的大米或小米粒等。另外，还应准备一些干粮、干草的粉末碎屑在水中悬钩时用。

🟢 钓饵

钓饵可用红蚯蚓、小河虾、浸泡过的麦粒、大麦芽、成熟的桑葚、青豆瓣、熟红薯、水草和面团，以及嫩草叶、菜叶等。

🔖 钓鳊鱼的钓点选择

鳊鱼常栖息在水底的中下层，喜群居，觅食时也喜结群进出。鳊鱼嘴馋、贪吃，容易上钩。

以下是容易钓到鳊鱼的七个钓点。

1. 在流动水域，它喜欢在水底多岩石的地方游动、觅食，因为这种地方比较洁净，水生小动物较多，容易获得食物。所以，钓点可选在水流比较和缓、水底有砂石之处。

2. 鳊鱼每年在夏季繁殖，在产卵季节，鳊鱼便要寻找食物丰富、适于受精卵孵化之处产卵，一般在水深适中、有洄水的河湾、水底有软泥且水草茂密处繁殖。这样的水域就是较好的钓点。

3. 若在寒冬季节钓鳊鱼，宜在水体较深的水域进行底钓，因鳊鱼大多在这样的水域中避寒。

4. 在静水中钓鳊鱼时，由于鳊鱼喜在池塘、水库、湖泊中水草丛生处游动、觅食，可在这样的地方设钓点。鳊鱼喜欢在这样的环境中游动、觅食的原因有二：一是有可躲避隐藏的栖身处；二是浮游生物多，能觅到食物。

5. 鳊鱼喜欢在水底有木桩、石块的地方徘徊，原因是它十分喜欢舔木桩、石块上的青苔和吃生活在这里的小鱼、小虾、小螺蛳等，所以在这样的水域中可设钓点。

6. 在水草密集丛生的水域中，可在大片水草丛边缘处拨开一个小脸盆大小的无草清水洞，在这样的洞口做钓点，可有较好的收获。

7. 鳊鱼喜欢带有动物粪便汁水的食物，所以在靠近牛、羊、猪、鸡、鸭的饲养场和厕所的水塘、湖泊边沿设钓点，是很恰当的。

钓鳊鱼的打窝子技巧

撒饵打窝时要多打几个，且要反复不断地向窝点投放诱饵。因为鳊鱼喜欢群游，而且有较灵敏的听觉，一旦发觉有什么不安全的迹象，就会向同类发出信号而逃遁，所以多准备几个窝点，可以轮流换着试钓，不致落空。

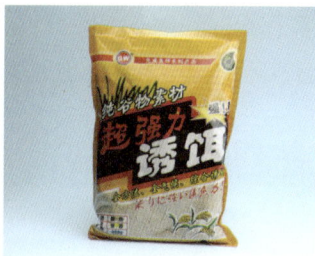

垂钓鳊鱼的几种方法

中水悬钓法钓鳊鱼

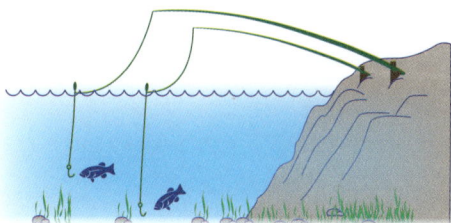

手竿浮钩、底钩

这种钓法先用一些干糠末、干麸皮末、干小麦的细屑、切细的青菜或青草撒在钓窝的水面上，让其漂浮，碎屑逐渐下沉，窝内游动的鳊鱼发现后，就会三三两两地游过来，吞食这些碎屑食物。这时垂钓者便可将钓线上的浮漂推移到距钩50～60厘米处，然后在多个钩上安装整条的红蚯蚓、昆虫、小青草球、面饵等，将此钓钩放在漂浮的诱饵下方的中层水体中，并将饵钩向上下左右徐徐提动、移位，像是活物在游动，以招引鳊鱼前来摄食。鳊鱼吃饵前比较缓慢而谨慎，但吞饵时却比较干脆，咬钩后可见大幅度地向上送漂，然后把浮漂拖入水下的现象。在发现这种现象时垂钓者不能性急，要冷静，因为鳊鱼嘴较小，要经过多次才能把钓钩吞入口中，所以不要立即提钩，而应让它多吞一会儿。要等到浮漂送上来不动或拖走时，才是提竿的好时机，一般不会落空，而且可以继续下钩，有可能连续钓上多条鳊鱼。

● 用桑葚诱钓鳊鱼

鳊鱼很喜欢吃桑葚，因而在桑葚成熟的季节，在长有桑树的河边或池塘边钓鳊鱼很容易得手。在竹制的长钓竿上装上较短的钓线，将一个成熟的紫红色桑葚掰成两半，将半个桑葚装上鱼钩，放入水中。垂钓者拿着钓竿让钓饵在水中慢慢悠悠地上上下下轻轻晃动，像是从树上刚刚落下来的桑葚，鳊鱼见了，会纷纷前来抢食，吞入口中，垂钓者若见浮漂送起，接着又停下不动，说明时机已到，可以及时提竿，拎鱼上岸。

● 用酒浸麦粒钓鳊鱼

这是一种在池底有淤泥的池塘中钓鳊鱼的钓法。先将大麦麦粒置曲酒中浸泡24小时，捞出后装入小玻璃瓶，以免干后失去酒味。用中等长度竹竿做钓竿，钓线长度与钓竿差不多。开始垂钓前，先以麦麸投入水中打窝，打窝的诱饵量宜多些，钓线上装上加重的铅坠，将在曲酒中浸泡过的大麦粒装上钓钩，让其沉入水底，鳊鱼闻到酒香后就会前来觅食。当鱼将钩吞食后，浮漂即被送起，垂钓者此时便可立即起钩。

● 冬季钓小鳊鱼

有经验的行家认为，从每年12月起就可以动手钓小鳊鱼。钓小鳊鱼的最佳时间是冬季的晴天，有偏北微风，气温在6～12℃之间，尤其是下午3时至天黑的这段时间，是小鳊鱼活动觅食频繁的一段时间。

用海竿底钓法钓大鳊鱼

每年冬初,当气温降到5~10℃时,鳊鱼便逐渐群居到水深处,摄食欲下降,此时用海竿炸弹钩钓往往能钓上多尾大鳊鱼。饵料可用玉米粉、花生粉、菜籽饼或豆饼加麦麸,掺上曲酒浸泡过的大米或小米粒,用面粉作为黏合剂搓成鸭蛋大的团甩向钓点(事先必须了解清楚垂钓水面的深浅,饵团一定要投入最深处)。饵钩入水后,绷紧钓线,挂上铃铛,若听到铃铛响并出现松线或竿尖出现连续点头或出现回线时,及时提竿。

游动引钓法钓鳊鱼

这种钓法既不需要有固定的钓点,也不需要撒饵打窝子,只需要一根钓竿、一根不太长的渔线和一对小型的双钩,将浮漂调成半水浮就行。钓饵用鲜活的虾蛆、蝗虫、红蚯蚓就可以,也可用素饵,如用玉米面、熟麦粒、青草叶或成熟的桑葚等。垂钓者在两个钩上安装上钓饵后, 将钓钩投入水中,然后沿着江河或池塘岸边缓缓走动,让饵钩在20~30厘米深的水层慢慢游动,特别是在那些可能藏鱼的树根边,岸上长有伸向池塘内的芦苇、蒲草与植物的叶丛下,水草、浮萍等水生植物的枝叶下,以及桥洞、闸坝旁边,进出水口附近,江河池塘的弯角等处,将钓饵缓缓地提动,让其像在水中游动的活物,以招引鳊鱼前来摄食。当钓到第一条鳊鱼时,说明此处还有一群鱼,可不断下钩,往往可以接连钓上多尾。必须注意的是,当拎出水面时,鳊鱼会拼命挣扎,用尾部在水面击出响声。这时要立即将鱼钩提向别处去摘鱼,否则,鱼尾击水的声响会把鱼群吓得纷纷逃散。

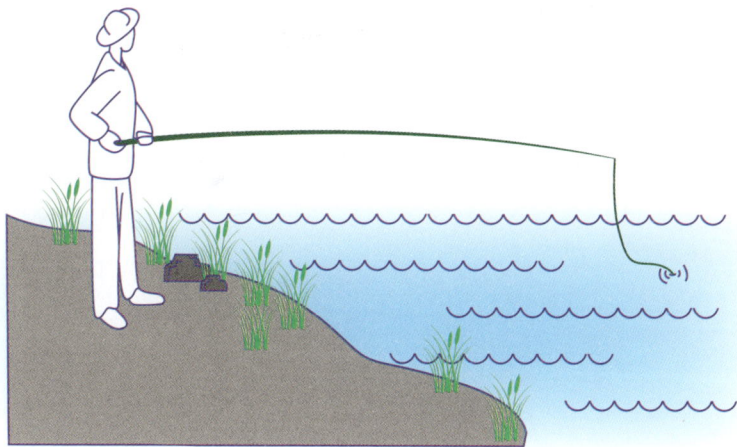

手竿引钩

罗非鱼的习性及钓法

罗非鱼又称非洲
鲫鱼、非鲫等

罗非鱼的生活习性

罗非鱼的一般特征

罗非鱼原产于非洲，本属热带鱼类，体形很像鲫鱼，但比鲫鱼更扁些，其个体也与鲫鱼的大小相似，故有些地方将其称作"非洲鲫鱼"。中国台湾地区1944年即引进养殖，中国大陆则在20世纪50年代后期成功引进繁育。它适应性强、耐低氧、疾病少、生长快、肉味鲜美，现已成为中国池塘养殖中的一个重要鱼种。

● 罗非鱼的活动规律

罗非鱼食性杂，耐盐碱及污水，在海水和淡水中都能生存，但不耐寒冷，最适宜水温为20～35℃，当水温在10℃时停止生长，水温8℃时死亡，难以越冬饲养。一般冬季都在室内地热育苗，4月份投入池内饲养，9～10月份便能养成成鱼，成鱼体重一般可达500克左右。罗非鱼性情温顺文静，生活在水域中下层，喜水温较高且含氧量高的水域，常栖留在有隐蔽物的水下和有活水流入的池塘、湖泊中，因为这样的地方既隐蔽又安全，还容易得到食物。罗非鱼虽属杂食性鱼，但以植物性食物为主，食谱范围较广，在自然饵料方面可食各种藻类和植物碎片，以及淤泥中的有机质，人工饵料方面可食米糠、菜籽饼、豆饼屑及碎麦粒，也吃各种昆虫的幼虫。

◆ 钓罗非鱼的钓具选用

钓罗非鱼一般都使用手竿，用鲫鱼竿、溪流竿也可以，长度以4～5米长的较合适，竿稍的尖端要稍硬些为好。若有条件，用6节、8节的玻璃钢手竿则更好。若用海竿钓罗非鱼，最好在竿上安装小型的绕线轮，收放线可方便些，钓线可选用较细的优质尼龙线。海竿可用60～80米长的储线。钓钩宜选用胡弓形218～220号或HHH万能袖钩3～5号。根据有经验的垂钓者介绍，用日产千又2号鱼钩最好。鱼漂宜使用反应灵敏的风漂，漂的浮力应与坠的重力相等，使钓钩入水后能缓缓地沉入水底。

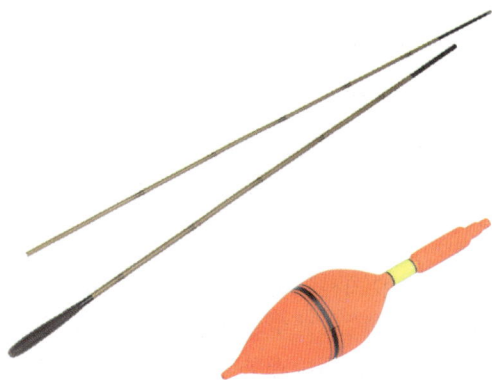

◆ 钓罗非鱼的用饵技巧

● 钓罗非鱼的诱饵

　　罗非鱼的诱饵以素饵为主，主要是粮食类饵料，如麦麸、粕饼粉、米糠、窝窝头、酒米等。为适应不同水层罗非鱼的垂钓要求，可做成漂浮性、缓沉性和沉底性三类诱饵。

● 钓罗非鱼的钓饵

　　罗非鱼荤、素饵皆食，但偏爱荤饵，因此，蚯蚓、小虾、红虫、蝇蛆等均是它的好钓饵。素饵主要有饭粒、面饵类、颗粒饵料等，其中面饵可根据具体情况自行调制。在各种钓饵中，钓罗非鱼上钩率最高的是红虫。

◆ 钓罗非鱼的钓点选择

1. 罗非鱼属于热带鱼，习惯于结群行动，所以常常集结成较大的群体，在较暖和的水域中游弋嬉戏。钓罗非鱼的钓点可选在向阳温度较高的上风区，因为在这样的水域常有比较密集的罗非鱼，钓获率会比较高。

2. 由于罗非鱼喜欢较高的水温，所以在一天之中，它会随着水温的升降而改变栖身的水层，当水温由低向高提升时，它会由水深处向水浅处转移；反过来，若水温由高向低下降时，它又会由浅水区向深水层转移。垂钓者应掌握这个规律：在晴天，中午水温最高时，宜在浅水区下钩；早、晚水温低，宜在深水区下钩。

3. 罗非鱼胆子较大，不易受惊，常到靠近池塘、湖泊的边沿觅食和游动，所以，钓罗非鱼的钓点不需要离岸太远，一般在离岸2～3米处下钩就行。

4. 罗非鱼的窝子一般都筑在水底污泥之中，因为它们比较喜欢在有深厚淤泥的水域中生活，特别喜欢生活在水底凹凸、陡坎较多的水域。垂钓者找这样的水域岸边作为钓点，收获较大。

5. 罗非鱼是人工喂养的鱼类，需要人们定时投喂饲料，时间一长，形成规律和习惯，鱼儿到了喂食时间便会自动群集在经常投食的水域中等候食物的到来。垂钓者若掌握住这样的规律，赶在投喂饲料前1～2小时到投喂处附近下钩，可以得到较好的收获。

🔶 钓罗非鱼的几种方法

🔸 手竿高低钩钓法钓罗非鱼

根据罗非鱼经常生活在水体中下层，且喜欢集群活动，爱在池塘水底软泥处打洞藏身，并活动于池塘四周浅水处的特点，人们设计出一种钓法：在钓线下端将双钩错开，一高一低，低钩沉在水底，高钩则高于低钩10～15厘米，悬浮在水中，而且一钩用荤饵，另一钩用素饵诱鱼。

垂钓时，在钓钩放入水中后，将钓钩缓缓移动。这种钓法的第一个优点是，既能招引藏在软泥中的罗非鱼，又能招引沿水底浮游的罗非鱼上钩；第二个优点是，罗非鱼虽喜欢吃些动物活饵，但毕竟是以素食为主的鱼类，高低钩上的钓饵有荤有素，投其所好，因而可提高钓获率。不过，采用高低钩钓法在技术上有一个值得注意的问题，那就是浮漂的浮力和铅坠的重量必须配合恰当，才能达到一钩沉底、一钩悬浮的理想效果。

要做到这一点，需做好两件工作：一是先要测知此水域水的深度，这样才能确定浮漂定在钓线的什么位置最适宜；二是最好事先在大水缸中试验，将浮漂的浮力与铅坠的重量调节到均衡的程度，使高低两钩能正好一个沉底，另一个悬浮。

罗非鱼摄食时比较斯文迟疑，当咬到饵钩后，常常会停顿一会儿才继续吞钩，有时还会将饵钩吐出来。根据这个特点，当发现浮漂显示出有鱼咬钩的信号时，应及时将饵钩抖动一下，让饵钩刺入其口腔周围的薄膜，使其无法将饵钩吐出而被牢牢地钩住。用这种方法垂钓，常常可以得到一箭双雕的效果，即两钩均能钓上鱼来。

🔸 手竿浮钓法钓罗非鱼

罗非鱼喜温，当中上层水温略高于水底水温时，它会在中上层活动，这时应采取浮钩钓法，而且还应打大窝子，采用具有漂浮性、缓沉性饵料的诱饵，能更好地诱集中上层罗非鱼。若窝点处出现水花，很

> **小贴士**
>
> 钓上一条鱼后，不要破坏钓点，也不要让水体发出声响惊跑其他鱼。因为罗非鱼有集群的习惯，可继续在原钓点下钩，用此法逗诱，有可能连续钓上几条罗非鱼来。

可能是罗非鱼在吞食浮饵。这时应调整好钓钩落水的深浅，将挂好钓饵的饵钩轻轻地放到水花附近。浮钓时，罗非鱼咬钩多为吞食，浮漂的反应多为横移或黑漂，这时应及时提竿。

鲢鱼和鳙鱼的习性及钓法

鲢鱼又称白鲢、白胖头等
鳙鱼又称花鲢、胖头等

🔶 鲢鱼和鳙鱼的生活习性

　　鲢鱼和鳙鱼是主要的家鱼，生活习性相似。它们同属于上中层鱼类，喜集群，常混游在一起，喜温，故夏季高温时节也是它们最活跃的时候。鲢、鳙鱼的摄食方式常常是把水中的浮游生物连水一起喝进嘴里，随后靠鳃的过滤作用，把水中的浮游小生物挡住咽进肚里。鲢鱼和鳙鱼都喜食浮游动物，从食性来讲，鲢鱼喜酸味，而鳙鱼喜酸臭味。鲢鱼和鳙鱼生长速度较快，最大个体可达5000克以上。鲢鱼、鳙鱼均不耐低氧，一旦水中溶氧量减少，它们会首先浮头。

鲢鱼

鳙鱼

钓鲢鱼和鳙鱼的钓具选用

钓鲢鱼和鳙鱼的钓具一般有两种：一种是浮钓钓具，另一种是沉钓钓具。

浮钓钓具

若用浮钓，钓竿用手竿和海竿都可以。手竿需用5~6米长的，竿体要坚固；海竿可选用大中型绕线轮、旋压式绕线轮，收放线比较快捷灵活。由于浮钓并不让饵钩沉入水中，所以不必用铅坠，但浮漂却要用较大的，以能使饵钩和大面团钓饵浮起来为度。钓钩要用圆底阔面的大型钩，用单钩、双钩、组合钩（一般是4~6个钩）都可以。钓线至少要用直径0.3~0.5毫米粗的线，因为鲢鱼或鳙鱼身型大的体重可达5000克以上，它的力气和冲刺能力都很强，而且会连续猛烈挣扎，所以竿要结实而富韧性，钩要大而尖锐，线要较粗的。

沉钓钓具

上面所介绍的浮钓钓具，是在春、夏、秋三季用的，因为在天气比较暖和的季节，鲢鱼、鳙鱼的鱼群在水体的中上层活动，所以适合浮钓。但到了冬季和早春，天气寒冷，水温也随之降低，所有的鱼类包括鲢鱼、鳙鱼，都在水体的中下层活动，因为此时中下层的水温比较高，所以钓鱼的钓具，应该改用沉钓钓具。沉钓钓具所用的钓线、钓钩和浮钓是相同的，既可以用2个、4个钓钩的组钩，也可以用6个钓钩的组钩，但沉钓要用铅坠，其重量一般在30~50克之间，铅坠与钓钩的距离30~40厘米处，可用死坠，也可用活坠，只要能使饵钩稳定地沉留在水体的下层就行。

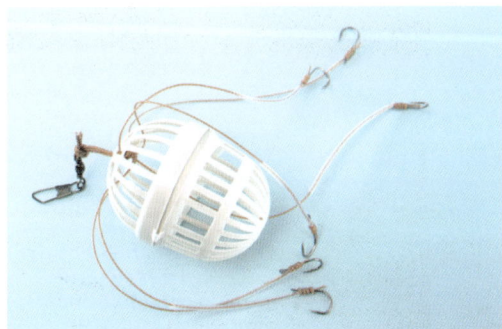

◆ 钓鲢鱼和鳙鱼的用饵技巧

　　鲢鱼和鳙鱼有其特殊的生理构造，它们是利用鳃耙滤食浮游饵食的，很少吞食较大的食物。这类鱼的嗅觉比较灵敏，对食物的气味极为敏感，喜食发酵后带有酸臭气味的食物，所以垂钓者要投其所好，特意制作出带有酸臭味的钓饵。钓饵的制作方法如下。

　　1. 将多种粮食类的粉末，一般是玉米面、米糠、麸皮面、元麦粉、豆渣、豆饼屑、面粉等，一起炒至半熟、有强烈的香味为止。另外，再捞一些水蚤、孑孓、小红虫、绿色水藻等，分装在两个塑料袋中。在钓鱼时，取用炒熟的粉料和另一个塑料袋中的浮游生物，以2：1的比例掺和，再加上少许水调匀捏成算盘珠大的饵料。若用多钩组合，则捏成乒乓球大小。

　　2. 迎合鲢鱼、鳙鱼的嗜好，将钓饵制成它们爱吃的带有酸甜味和酸臭气味的钓饵。做法：用黄豆粉、豆饼末、煮熟的红枣肉、糖，加点臭豆腐干或臭腐乳，再加些发面用的面肥或酵母，掺入些热水拌和均匀，装在罐内，加盖密封好，天热时隔1~2天，天冷时隔4~5天使其发酵。使用时，临时掺点麦面或细米面搓揉成质地较硬实的圆团，能较牢固地装在钓钩上即成。

◆ 钓鲢鱼和鳙鱼的钓点选择

● 水位较浅的水域

　　根据鲢鱼、鳙鱼常在水域中上层活动的特点，钓点宜在水位较浅（深1米左右）的水域沿岸去寻找，因为在浅水区，当钓钩和钓饵入水时，鲢鱼、鳙鱼容易闻到钓饵的气味而迅速去咬钩，而且它们游动的地方和钓饵的距离比较靠近，让它们容易就近咬钩，增加钓获的机会。

🔘 氧气充足的进水口

鲢鱼、鳙鱼耐缺氧的能力很差,若水中氧气少,它们就会浮出水面吸氧,若水中缺氧严重,它们就会立即死亡。根据这样的特点,钓鲢鱼、鳙鱼的钓点应选在池塘、湖泊的进水口和迎风通气的地方,因为这样的水域氧气充足,是鲢鱼、鳙鱼最喜欢栖留的水域。在这样的水域设钓点,可获得最佳的效果。

🔘 水体呈黄色的肥水中

根据鲢鱼、鳙鱼喜欢栖息于肥水中的特点,钓点应在水体呈现黄色的池塘或湖泊沿岸去选择。水清如镜,一眼能看见水底杂物的水域,鲢鱼、鳙鱼不喜停留,若在这样的水域边上设钓点,收获不佳。

🔘 靠近养殖场的水域

鲢鱼、鳙鱼爱吃其他动物的粪便,不论是同一个池塘中饲养的草鱼的粪便,还是鸡、鸭、牛、羊的粪便,鲢鱼、鳙鱼都爱吃,不仅如此,只要是散发出其他动物腥臭味的环境,它们都乐意去接近。因此,如果池塘或湖泊靠近养鸡场、养鸭场或牛、羊圈,鲢鱼和鳙鱼就喜欢在靠近这些场所的水域栖息、游弋,所以选钓点时,可以考虑鲢鱼、鳙鱼的这一喜好。

◆ 钓鲢鱼和鳙鱼的几种方法

🔘 用浮钩钓法钓鲢鱼和鳙鱼

用浮钓法钓鲢鱼和鳙鱼,春、夏、秋三季气温较高的天气均可,只有春初和秋末,特别是寒冬季节气温低,才用沉钓法。

夏季的早晨和傍晚,是鲢鱼、鳙鱼最需要摄食的时间,这是最能获得钓绩的时间。采用浮钓法,钓钩若是4~6个钩的组合,可用一块乒乓球大的饵料将钩全部包在内,钩尖向四周张开,但不要露出在饵料之外。饵料应做得黏性较强,避免在甩抛时散碎脱钩。

垂钓时将钓钩放入水中较浅处,白天垂钓,一般保持在60~90厘米深度,若在早、晚垂钓,钓钩入水的深度应该更浅,钓钩与浮漂的距离只需30~40厘米,让钓钩和钓饵悬浮在水体的上层。因为早、晚鱼儿喜欢聚集在浅水层活动。

在钓钩下到水中之后,只需观察水中鱼的动静,不要扯动,钩上的饵料入水浸泡10分钟左右时,饵料中的糠、麸、豆饼末等由于膨胀而开始松开,纷纷散落在周围水中,像下雪似的慢慢漂沉,很适合用鳃耙滤食的鲢鱼、鳙鱼的胃口,周围鱼群发现和闻到这些食物气味时，就会争先恐后地前来摄食。此时只要发现浮漂被拉跑了，就可以立即起竿扯线，让鱼钩刺入鱼唇，钓个正着。

用沉钩钓法钓鲢鱼和鳙鱼

沉钩法除适合天寒季节外，也宜适夏季在水深1米左右的浅水水域进行垂钓。沉钩法所用的钓饵，应为带酸臭味由粮食粉末混合而成的饵料。安装时，用饵料将钩柄、钩弯、钩尖全部包裹住，使钩尖隐藏在饵料四周的表皮下。下钩前，要先测试出水域的深度，在水体不太深且水温不低的情况下，将浮漂定位在离饵钩1米左右

炸弹钩钓法

的位置；若水体很深且水温很低，可将饵钩沉得更深些。当深水中的鲢鱼、鳙鱼闻到饵料的酸臭味后，就会追寻过来，接着便会张开大嘴，将饵料和尖钩摄入口中，当鱼儿拖动钓线，出现上钩信号时，垂钓者只要将钓竿一抖动，组钩的锋利钩尖就会立即钩住鱼嘴让其无法脱逃。

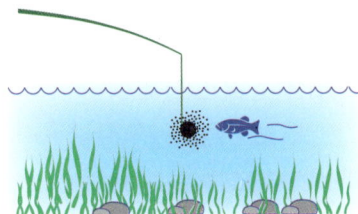

无饵钩拉钓法钓鲢鱼和鳙鱼

无饵钩拉钓法用的是蜈蚣钩或锚钩，不用钓饵，也不用铅坠（组钩的重量大概相当于铅坠的重量），但需选用比较大的浮漂。钓鱼时，将钩甩于水域的中上层，停1~2分钟，就将拉竿猛地拉抖一次，由远而近，逐次提拉。待到拉近岸边时，再重新将钩甩往远处。如此循环往复，不断提拉，常常会拉钩到鱼，有时钩住鱼的鳃部，有时钩住鱼的背部或腹部，有时还能钩住鱼鳍附近，不论钩住什么部位，都能把鱼拉上岸来。

用飞钩钓法钓鲢鱼和鳙鱼

飞钩钓用的是3米左右的海竿，配直径0.4~0.45毫米的钓线、50克左右的通心活坠、大漂，并用直径

钓钩露饵外装法示意

0.35~0.4毫米的锦纶单丝线做脑线，用8只钩拴成脑线长约15厘米的组钩。由于鲢鱼、鳙鱼嘴大，钩宜大不宜小，装钓饵时，先取一块略大于乒乓球的饵料，将脑线夹在饵团正中，捏紧后，将钩逐个均匀地排列在饵团四周，钩距饵团3~4厘米，使之成为飞钩。它的优点是钩在饵外，鱼咬钩后没有吐钩的机会，只要鱼咬钩就不会跑掉。飞钩钓法与炸弹钩的原理差不多，只是炸弹钩是隐藏在饵料中，而飞钩则

是将钩排列在饵外。此外，飞钩钓用的饵的黏度要大于炸弹钩，入水后不易化开，鲢鱼、鳙鱼闻到味前来吸食饵料时，会先把钩吸入口中。

◉ 用压钩钓法钓鲢鱼和鳙鱼

钓竿选择前端有小手指粗细的竹竿（因为有时会钓到大鲤鱼），钓线用直径0.8毫米左右的胶丝线，钓线上装鹅毛浮8粒（每根鹅毛杆选用根部最粗处的），每粒长约1.2厘米。钓钩选用与自行车车条粗细相等的钢丝自己弯制，绑扎并用锡焊制成较大的锚钩，钩尖先用砂轮机打磨，再用油石打磨锋利。垂钓前用沉钓法穿好浮漂，拴牢钓钩和钓线。

垂钓应选择在夏季最热并有微风的天气，上午10时以后至傍晚都可进行。因为这时水体中上层的温度正适合鲢鱼的活动和栖息。钓点宜选择在涵洞口附近。下钩时钓钩无需装饵料，利用鲢鱼、鳙鱼喜欢群集且游动非常缓慢的特点，下钩后垂钓者两眼密切注视浮漂，只要浮漂下沉一粒，或浮漂有隐隐约约的抖动（浮漂下沉，有时是由于鱼向前游动，正好吻部顶住了钓线，锚钩较重使浮漂略有下沉，有时是由于鱼向某一方向游动时身体压住了钓线，有时是由于鱼的腹鳍或其他诸鳍在不断地划动时碰到了钓线），这时垂钓者应立即使足劲儿向上垂直提竿，常常可以钓到（实际是钩住）大鲢鱼或大鳙鱼，不是钩住鱼的鳃部，就是钩住腹部，有时会钩到嘴部或尾巴，也有时钩住鱼的各鳍附近。不论钩住鱼的什么部位，都要一个劲地将鱼向岸边拉，待鱼到岸边后，用搭钩直接提上岸，或用抄网将鱼兜上岸。

黑鱼的习性及钓法

黑鱼又称鳢鱼、乌鱼、乌鳢、乌棒、孝鱼等

◆ 黑鱼的生活习性

　　黑鱼体形像一个长长的圆筒，背呈墨褐色，从背鳍到腹鳍有3行不规则的黑斑。黑鱼适应能力、耐低氧性、繁殖能力均很强。冬天，它们潜伏于深水，停食越冬。二冬龄性成熟，产卵期在5月下旬至8月初。黑鱼的繁殖过程比较独特，一般要经历筑窝、产卵、护仔等几个阶段，在从筑窝至小黑鱼独立生活的两个多月时间内，黑鱼总是寸步不离，若受到侵扰，它们会奋不顾身去保护它们的"儿女"。

　　黑鱼生性凶猛，常栖息于水底，多在石缝、水草、乱石中栖息或觅食，是典型的肉食性鱼类。它喜食鱼类、小虾、青蛙等，一旦发现食物，便像闪电般猛扑过去，吞而食之，故有"水中老虎"之称。黑鱼听觉十分敏锐，凭听觉觅食。

🔷 钓黑鱼的钓具选用

1. 钓竿。钓黑鱼的钓竿应选用坚固且较粗的竹竿，以青绿的鼠尾竹最好，此竹有韧性又有较好的弹性，或者用水竹制成的钓黑鱼的专用竿也可以。钓竿的长度最好是7～8米。

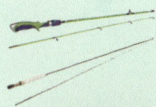

2. 钓线。钓线可用多根柔软的锦纶线合搓成约3.5米长的细绳，要求能经受10千克以上的拉力。钓黑鱼的钓线上不用浮漂。

3. 钓钩。钓钩用有倒刺的圆形大钩。

🔷 钓黑鱼的用饵技巧

钓黑鱼一般不打窝子，故不用诱饵。钓黑鱼的钓饵最好是用小青蛙或泥鳅，如无法得到，也可用小鱼、大蚯蚓、小虾代替。用小青蛙安钩时，将钩尖从青蛙肛门钩入，沿脊背直钩至小青蛙嘴尖（不要钩到脊骨，否则会钩死），使其腹部挺出，脊背弯曲于钩弯里，两前足前伸，两后腿上升并拢，用黑色细线把后腿在钩柄上端扎牢；如果用活泥鳅做饵，可用钓钩横向钩穿于泥鳅的嘴部；若用死小鱼做饵，钓钩可从鱼腹钩至鱼背处。

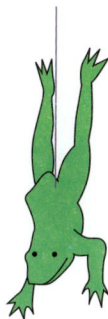

青蛙安钩示意

🔷 钓黑鱼的钓点选择

黑鱼冬天极少活动，一般都藏身在石缝中或僻静的杂草丛生处或茭白根部的枯萎叶片中，只有夏天天气较暖时才出来活动。每年的5～7月，它要在水草茂密的水域中产卵做窝，这时是钓黑鱼的最佳时期，钓黑鱼者应在这段时间内在各处池塘、湖泊、河溪中去寻找黑鱼做窝的水域，若能找到，采取钓窝的方法垂钓，可以十拿九稳地钓到，而且常能钓到一雌一雄的两条黑鱼。

寻找和识别黑鱼的窝子并不困难，黑鱼常常把窝子做在避风和向阳的水域。做窝时，它会在茂密的水草丛中，从中间把水草向四面排开，形成一个圆形无草区，小的像大碗碗口大小，大的像小脸盆大小。从岸上朝水面上看去，黑鱼窝的边缘是由密集的草叶和草茎夹杂在一起形成的，中间漂浮着一层松散的草叶和草茎，可以很清楚地看出窝的中心区是一片圆形的亮水洞，这就是黑鱼产卵用的产床。

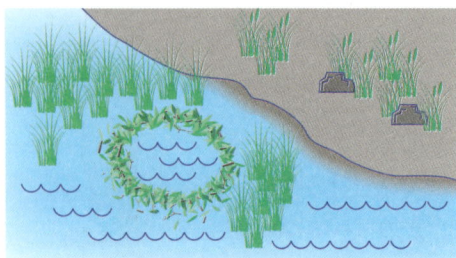

黑鱼做窝示意图

以黑鱼窝的大小，可以估量出这一黑鱼的个体大约有多大：一般较小的像500～1000克的黑鱼，所做的窝只有大碗碗口般大；较大的像2000克左右的黑鱼，所做的窝有小脸盆大小；而更大的像3000克以上的大黑鱼所做的窝，其明水圆形范围可达直径1米，甚至更大。

黑鱼虽然生性凶狠残暴，但对它的子女却十分爱护，在一群幼黑鱼出窝游弋时，大黑鱼总是紧跟在小鱼周围，严密地守护着，倘若有其他生活在水中的动物前来侵犯，它就会拼死攻击来犯的敌人，以保护幼黑鱼。垂钓者可以利用黑鱼的这一天性，将青蛙装上钓钩，放进小黑鱼群的旁边，大黑鱼发现后就会上来大口将青蛙咬吞下去，这样就正好被钓获。

钓黑鱼的几种方法

用活泥鳅诱钓黑鱼

在早春和秋末，气温较低时，黑鱼一般只在水体的中下层活动觅食，此时适于用活泥鳅钓法。垂钓时，将鱼钩从泥鳅背部穿入，上好钩后将钓饵放入水体较深处，让泥鳅向下游去，到达水底时，再慢慢将它向上提，如此上下游移，黑鱼发现后就会游近饵物捕食。黑鱼捕食泥鳅时，一般是先咬住泥鳅头部或其他部位，但不全部吞入口中，因此，这时还不能立即起钩，需等待20～40秒钟，甚至1分钟，待提竿的手感觉黑鱼已将泥鳅全吞入口中才能起钩。由于黑鱼生性凶猛残忍，它捕到食物后，决不会再轻易地吐出来，所以垂钓者切勿性急，提钩宜迟不宜早，早了会逃跑，迟些提竿则跑不掉。

用"青窝"钓法钓黑鱼

夏季5～7月，是黑鱼的性成熟期，此时雌、雄黑鱼会来到江河或池塘杂草丛生的浅水区，在草丛中清理出一个脸盆大小、圆圆的亮水洞，这就是它们准备产卵的"新房"，这个亮水洞人们称之为"青窝"。做好青窝后，雌、雄黑鱼就在"青窝"附近游弋保护，这时是下钩钓鱼的好时机。垂钓的时间最好是早晨和傍晚，用泥鳅和小青蛙做钓饵，装好钩后，将它轻轻下放在窝中。此时要特别注意饵钩入水时不能发出任何声响，岸上操作更要轻手轻脚，因黑鱼听觉和视觉特别灵敏，发现人影后就会被吓跑。饵钩入水后，要使其在水面缓缓地上下抖动，像是饵料在游水，此时雄黑鱼会突然窜出，一口将饵钩猛然吞下，垂钓者此时应立刻起钩，毫不迟疑地将它拉上岸来。此时雌黑鱼受惊后会赶快逃离，躲进水草丛中，垂钓者要耐心守候，因为雌黑鱼一般在隔半小时至1小时后，肯定还会回到窝子附近的，可用同样方法将其钓获。

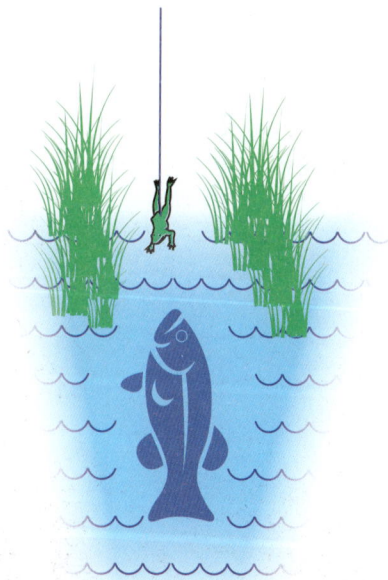

鳜鱼的习性及钓法

鳜鱼又称桂鱼、鳌花鱼、花脊鱼

🔖 鳜鱼的生活习性

鳜鱼背鳍既长又大，特别发达，有硬刺，肉细而嫩，味道鲜美，是鱼中的佼佼者。"糖醋鳜鱼""奶油鳜鱼"是誉满全国的江南名菜。

该鱼身体上有黄褐色深浅不一的花斑，嘴很大，下颌突出，其鳞片极细小，牙齿尖利，性极凶猛。它属肉食性鱼类，吃荤不吃素，以其他各类水生动物为食，常栖于水底岩石周围，捕食小鱼小虾，觅食方式有如"守株待兔"。鳜鱼喜爱游动于缓流水域，喜食小虾，经常出没于小虾游动之处。它属定居性底栖鱼类，活动区域较小，喜清水、流水，更喜欢在有石块、石洞的地方洄游。喜欢钓鳜鱼者可以用活小鱼为饵，在鳜鱼栖息洄游处守候，便能钓到鳜鱼。

🔷 钓鳜鱼的钓具使用

钓鳜鱼的钓竿可以用手竿，也可以用海竿，以软梢尖子的最好。手竿长5～6米，中调竿，钓线直径0.35～0.4毫米，大浮力浮漂，钓钩宜选用钩门宽的，如伊势尼形513～516号或10号以上HHH丸钩。有些钓鱼爱好者不另外置备钓具，就用钓鲫鱼的钓竿、钓线和钓钩，效果也很好。

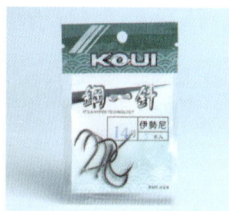

🔷 钓鳜鱼的用饵技巧

由于鳜鱼属定居性鱼类，很少远游，因此，钓鳜鱼一般不用诱饵，只用钓饵。又由于它是凶猛的肉食性鱼类，饵料应用动物性的。常用的饵料有小鲫鱼、泥鳅、小鲦鱼、小青蛙、小虾、皮虫等。鳜鱼主要是靠视觉来摄取食物的，因此，如果想要鱼儿上钩快，垂钓效果好，就应该用活的钓饵，使其在水中仍能不断活动，这样可以尽快引来鱼儿摄食。用红虫垂钓，红虫要带磷光，可以先把它绑成把子再上钩；蚯蚓要用新鲜整条的，穿钩时，应从上中部穿往中下部，露着蚯蚓的头部和尾部，才有活的感觉；河虾应选用4～5厘米中等大小的，上钩时，将钩挂住虾背稍靠尾端部位，易于保鲜保活；泥鳅最好选用6～7厘米长的，钓钩应从其肛门背部的皮下钩入，这样能使它继续在水中游动；青蛙要选用中等偏小的，上钩后，也要确保其在水中像活青蛙游动；用小活鱼装钩时，要将钩尖从靠近鱼的背鳍一侧刺入，略向后斜进行推钩，使钩尖从另一侧穿出，穿在钩上的小鱼放入水中后要能较自如地游动。

钓鳜鱼的钓点选择

洁净有水草的活水水域

　　根据鳜鱼十分喜爱在洁净透明的水域，有活水以及有水草、藻类植物的溪河或池塘中生活的习性，在选择钓点时，要避免在有污泥浊水的死水处下钩。

正确的钓点

错误的钓点

水中有遮挡物的水域

　　鳜鱼性情比较孤僻，不喜欢群体生活，绝大部分时间是隐蔽在茂密的水草丛中或河岸边的石洞、桥梁的缝隙、水中的土坎、树桩周围有洞穴的环境中，一动也不动地潜伏着。它还常常利用身上的花纹隐藏于色彩相似的杂草中，使水中的其他动物难以发现它的存在。但当它发现周围有小鱼、小虾活动时，就会猛然窜出捕食。它还喜欢在石洞和成堆的石块附近往返游弋。所以，钓点应在这些水域的近旁寻找。

人工制造钓点

　　钓鳜鱼还可采用人工制造钓点的方法来诱钓。方法：将空隙很多的成捆的木柴（以较粗的树枝为主，捆扎起来形成较多较大的洞隙）投入池塘、湖泊或溪河的岸边水域，隔几天以后再到柴草附近去下钩，钓获的成功率会很高。在钓到鳜鱼之后，过一段时间后可再去下钩，由于这种柴草构成的洞穴很适合鳜鱼作为藏身的窝子，所以又会有新的鳜鱼栖息在里面，垂钓者常能再次满载而归。

钓鳜鱼的几种方法

用多竿插地钓法钓鳜鱼

多竿插地钓法一般都在夜间进行，是一种用10根以上的钓竿、同样数目的钓线和钓钩全都装上钓饵，投入鳜鱼较多的水域，任其在夜间吞钩，第二天早上再去收鱼的钓鱼方法。具体钓法是将所有钓竿上的钓钩全都装上钓饵，在天还未黑之前，将钓饵放入靠河岸不远的水中，任其沉没或漂流，每两支竿之间的距离为3～5米，下钩、插竿的钓点要选在鳜鱼比较集中的涵洞边、桥头，和多树根、多水草、有石洞的河边，以及水底石块成堆、洼洞较多的水域。垂钓者只要沿河岸一路将20～50根竿子插入土中固定好，就可回家休息，第二天黎明时前来收鱼就行。插竿的数量并无规定，多于50根或少于20根都可以，可根据水域中鳜鱼的数量及垂钓者的体力情况而增减。

用泥鳅巧钓鳜鱼

一手执钩，一手抓住活小泥鳅，用锋利的钩尖从其肛门处的背部处皮下刺入，注意不要伤其脊骨，以保持其活力。将穿入鱼钩的泥鳅放入选好的钓点，由于泥鳅被钓钩刺中疼痛难忍，放入水中后发现水底或水边有缝洞时，就会拼命往缝洞中钻，隐藏在石缝或石洞内的鳜鱼发现后会立即冲向前将其咬住，这时立即提竿，不要遛鱼，迅速提上来即可钓获。此法不用鱼漂、铅坠，全凭手感判断鱼是否咬钩。

这种垂钓需特别注意以下六点。

1. 这种钓法需采用硬调竿、水色的粗钓线和大号的圆钩。

2. 钓点宜选择在水流缓慢、水清见底的砂石段河床。垂钓前，先要探测沿岸哪些地方有石洞或岩缝，在适宜下竿的钓点位置做好记号。

3. 钓饵要选大小适中、长度为7厘米左右的泥鳅。太小的拉不动钓线，太大的游动迟缓，常在水中装死不动，对鳜鱼没有吸引力。

4. 钓饵装钩时，一手用一块干布将泥鳅捏住防滑，使其尾部露在外面，另一手将鱼钩从肛门处的背部皮下钩入（注意不要伤及脊骨，否则会将泥鳅钩死）。

5. 饵钩装好后，将其沿石洞方向轻轻放入水中，被鱼钩刺痛的泥鳅入水后会迅速游向底层石洞。有时泥鳅会停在洞口，垂钓者可轻轻牵动钓线使其游进石洞少许，若洞内有鳜鱼，见泥鳅游来便会凶猛地将其咬住往洞内拖，此时立即起竿便可得鱼。

6. 要掌握好起竿的时机。若动作太慢，泥鳅被鱼拖进洞内深处或拐弯处卡住，就难以将鱼拉出来，所以要认真观察钓线。若发现钓线突然拉直，就表明鳜鱼已咬住泥鳅，此时应立即拉竿；有时洞内有浑水冒出，也是鳜鱼已咬住泥鳅的表现，应立即拉竿，不能贻误时机。

◔ 怎样用鼓式篾篓钓法钓鳜鱼

垂钓开始时，将青蚯蚓或小鱼等用细线扣扎在篾篓内部的系绳上，两头幔口内侧也各挂一只钓饵，其他几只钓饵都挂在篓的中间，以便外面的鱼看见。鳜鱼的习性中有一点是喜欢钻洞，看见篓内有它爱吃的食物，就会从幔口钻入。此篓设置的妙处，就是能进不能出，鱼能很容易地钻进去，却钻不出来，只等垂钓者去提篓收鱼。篾篓的数量可由垂钓者自行酌定，一般可设10～20只，布放时，将放好饵的篾篓每隔5～10米安放一只，让其自行沉入水底，见浮漂收篓就行。

教你一招：被鳜鱼刺伤后的处理方法

鳜鱼背上的硬刺有毒，因此，在钓到鳜鱼后从钩上卸鱼时要特别小心，若手被刺着将会红肿，且疼痛难忍。如万一被其刺伤，应尽快从它的肛门中挤出像奶一样的乳液，涂在伤口上，过2～3分钟后就会止血、止疼，伤口也会较快愈合。

◔ 怎样用点动诱鱼法钓鳜鱼

这种钓法比较简单，可用普通的钓鲫鱼的钓竿，换上一个比鲫鱼钩稍大一些的中型钩。钓线也要换上负荷较大些的，如直径0.3～0.35毫米的玻璃胶丝线。装钩时要尽量少伤饵鱼、饵虾，保持其活性。垂钓前不必打窝子，垂钓者只要拿着钓竿移至那些可能有鳜鱼隐藏的水下频频点动，以招引

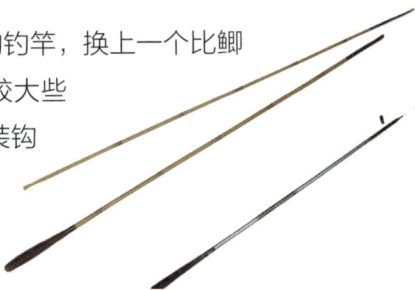

鳜鱼出来吞钩。点动的动作不宜太快，左右移动和上下点动的距离不要超过30～50厘米，要尽可能使活饵点动的状态像活物在缓缓游动。当活饵在钓点处游动时，若其附近有鳜鱼，它是不会放过的，一定会猛扑过来一口吞掉。当浮漂显示出黑漂时，便可立即提竿，一般均可钩住。若间隔很长时间还不见有鳜鱼出来摄食，就应换个水域垂钓。

🔶 垂钓鳜鱼有哪些经验

一位钓鳜鱼多年的行家总结出一套最适宜的钓具和钓法，可能会对新手钓鳜鱼有所助益：钓鳜鱼的钓钩，采用无锡生产的大号丸形钩。此钩的长度为3厘米，钩尖与钩柄的间距为1.8厘米，这种钩可以钓250～3000克的鳜鱼。钓钩的钢丝直径不宜超过1毫米，因为粗钢丝制的钩，装钩时容易把活饵穿死，尤其是穿小白鱼鼻孔时易将其穿裂，若将活饵穿死，就不能在水中继续活动，起不到强烈的诱鱼作用了。脑线要柔软，脑线很容易被垂钓者忽略，它的长度为25厘米，粗细应视所钓鳜鱼的大小而定，不宜过粗，应该用柔软的胶丝线，以便装好钩的活饵能在水中活动自如。集中下竿，多竿钓是钓鳜鱼的好方法。在钓饵装上钩、钓点选好之后，如果用的是10支钓竿，下钩时应将10支钓竿集中排放（各竿距离60～100厘米）。其好处是：很多活饵聚在一起，目标大，吸引力强，容易引起鳜鱼的注意，而且还能起到撒窝子的作用。

钓鳜鱼最有效的钓具是使用插竿底钩，其效果比用手竿、海竿都好得多。

鲈鱼的习性及钓法

鲈鱼又称花寨、花鲈、鲈板、鲈子鱼等

🔶 鲈鱼的生活习性

鲈鱼大多生活在近海江河入口处，属于一种咸淡水鱼类。该鱼个体很大，最大的可达20千克以上。这种鱼怀卵量很大，有的雌鱼怀卵量可达上亿粒。鲈鱼是典型的肉食性鱼类，只要是生活在水中的生物，如小泥鳅、小虾、小鱼、沙蚕或乌贼等，它都喜欢吃。它生性凶猛，又很贪食。正由于它有贪食这个弱点，咬钩不犹豫、不多疑，发现有饵料可吃就冲上来大口吞食，所以比较易于垂钓。

🔶 钓鲈鱼的钓具使用

钓鲈鱼可以用海竿，也可以用手竿。由于鲈鱼个体较大、生性凶猛、力气很大，因此，不论用海竿钓还是手竿钓，钓竿、钓线、钓钩都要求粗壮结实。

◖海竿钓用具

鲈鱼体大、力大，在上钩后要想顺利地把它弄上岸来，需要经过一番周折。海竿由于收线、放线方便，有利于遛鱼，所以，被认为是钓鲈鱼的主要钓具。海竿的竿长以3.2~3.6米为宜，需用硬性竿，竿上需配装中型的绕线轮。钓线宜选用较粗的，线的直径以0.4~0.45毫米为宜，绕线轮上需储存60~100米的钓线。铅坠的重量要根据垂钓水域的流量来决定，在流速较慢的水域，可用15~20克重的；在流速较快的水域，应使用25~30克的。海竿上拴的钓钩，宜选用中型钩或大型钩，并在钓线上拴5~6个的串钩，钩与钩的距离为15厘米左右。

◖手竿钓用具

鲈鱼是一种体大、有力而生性凶猛的鱼，所以大多数垂钓者都采用海竿钓，用手竿钓的比较少。但若垂钓者没有置备海竿或海竿损坏了，那就只好用手竿垂钓。用手竿时，应选择靠近岸边水流比较平缓的水域下钩。特别值得注意的是，手竿要选用坚固结实的，竿的长度要有5米左右。钓线可用直径0.4毫米的尼龙线，线的长度应超过5米，以6~8米为宜。钓钩用中号钩。浮漂要用大型号的，因为只有用大的浮漂，才能使钓饵、钓钩和铅坠一起漂浮在水中。钓饵可用小鱼或小泥鳅，但必须是活的，装钩时要采用鼻挂或背挂方式。垂钓采用定点浮钓，当浮漂被拖入水中时，就要立即提竿，不可迟疑而延误了时机。

◆ 钓鲈鱼的用饵技巧

用海竿钓鲈鱼，可以用真饵钓，也可以用假饵钓。

⦿ 真饵钓饵

真饵分活饵、死饵两种。活饵如活的小泥鳅、小鲫鱼、小鲦鱼、小青蛙等，死饵如螺蛳肉、蛤蜊肉、乌贼鱼肉等。若用活饵钓，装钩时，钓钩不可穿进活饵的头部或心脏等要害部位，应保证小鱼等仍能继续在水中游动。装好饵后，将饵钩甩至钓点，让活饵随便游动，使钓线适度绷紧即可。当鲈鱼发现鲜活的美味食物时，即会迅速地冲过去咬吞活饵。垂钓者看见竿梢抖动突然下弯时，就可用力提竿，若钓到的是500克左右的小鲈鱼，可以直接将其提上岸。如小鲈鱼挣扎冲撞，可以适当遛鱼，待其乏力后再提上岸。若钓上了较大的鲈鱼，它必然要做一番挣扎，垂钓者可利用绕线轮能时放时收的优势与之周旋，耐心地反复遛鱼，直至其疲乏后将其拖上岸。若用死饵钓，需用拖钓的办法引鱼上钩。做法是，将饵钩投入水中后，用手转动绕线轮，使钓饵在水中缓缓移动，就像活物在水体的中上层游动，以吸引鲈鱼过来摄食。当手上感觉到竿头被鱼向下拖走时，就要及时提竿，经过一番遛鱼后将它拖上岸来。

⦿ 假饵钓饵

鲈鱼是生性凶猛、比较贪食的肉食性鱼，见到小鱼等可口的食物会不加分辨地猛冲过去，将钓饵连钩一起吞入口中。根据鲈鱼的这一习性，用碎布或塑料等物做成像水生动物的模样，在水中慢慢移动，可以骗过鱼儿，使鲈鱼认为是真鱼而大口将它吞下，起到和真饵垂钓同样的效果。但用假饵时，必须用拖钓的方式，使假饵看起来像是活的真饵。

🔶 钓鲈鱼的钓点选择

🔸 根据季节选择钓点

鲈鱼常在近海的江河等处洄游，冬季及天气较冷的早春，它通常潜伏在深水中避寒，到春末气候转暖时，就离开深水，上溯到河口附近觅食；入夏以后，鲈鱼在河口处产卵，然后逆水而上，到淡水中生活，这时是钓鲈鱼的好季节，宜在较大较深的江河沿岸缓水区的中上层水体中垂钓；深秋之后，鲈鱼即转入深水层中避寒，但仍有摄食要求，此时垂钓，只能下钩至深水层中引其咬饵。

🔸 江河湾汊处或河流分支的水口附近

鲈鱼虽然生性凶猛，但由于它胆子大，且十分贪食，只要见到喜食的鱼、虾或乌贼、沙蚕等，便大口猛咬猛吞，所以比较容易钓获，只要在江河湾汊或河流分支的水口附近用活饵垂钓，很少落空。

🔸 水流清净的河水中

鲈鱼厌恶受污染的浊水，喜欢在水流清净的河水中逆水游动，即使在水流湍急的地方，它也能群集游弋。在这样的地方用较长的钓竿垂钓，常可获得较好的钓绩。

🔶 钓鲈鱼需要注意的事项

钓鲈鱼和钓其他鱼不同的是，垂钓前不必打窝，垂钓时一般采用拖曳钓饵的方式，所以在选择钓点时，要选择地势比较平坦的岸边作为立足点，以便于遛鱼时进行移步。鲈鱼的食物主要是各种小鱼，因此，在确定钓点时，应以小鱼密集处作为首选钓点，因为在这样的水域下钩，最有钓获的可能。鲈鱼生活的最适宜水温为8~18℃，所以最好在这样的温度下进行垂钓。鲈鱼对食物很讲究，一般不肯摄食不新鲜、不是活的水生动物，甚至已被其他鱼类咬过的饵食它也不吃，所以用作垂钓鲈鱼的钓饵最好要用鲜活的。鲈鱼对栖息水域的水质也有较高的要求，它通常在水体干净清澈的水域中活动。在经过大潮汛后水体浑浊的水域或经过大雨之后，有地面污水流入的水域，它都不肯停留，所以钓鲈鱼应在水体较清澈的水域下钩，否则不易钓到。钓鲈鱼的垂钓者，应置备一个退钩器，因为鲈鱼吃食时很凶猛，常常把钓饵连钩一口吞进腹中，因而在将鲈鱼钓上岸后，很难将钓钩退出来，用力硬拉，则会弄得线断钩损，必须用退钩器才能将钓钩顺利摘下来。

鲶鱼的习性及钓法 | 鲶鱼又称鲇鱼

🐟 鲶鱼的生活习性

　　鲶鱼鱼头大而扁，体形较长，尾部狭扁，口宽阔而腹部大，有齿、有胃、有须，皮肤上有黏液腺。有一种鲶鱼体色青灰、腹部灰白，另一种常栖息在静水中的，则体色青黄。鲶鱼喜生活在水的下层，属肉食性鱼类，喜食鱼、虾、蝌蚪、小青蛙、蚱蜢等生物。鲶鱼性凶猛，常潜伏在水草丛生水域，待小鱼、小虾等小生物接近时，即猛张大口将其吸入口内。鲶鱼喜流水，常结群逆水而上，它的适应能力和繁殖能力均很强，因此，水域中数量较多。鲶鱼好群居，有时在一个洞穴中可聚集数十条鲶鱼。

　　鲶鱼并不难钓，一般用蚯蚓、小鱼为饵。但一到冬季，天气较冷时，该鱼即在江河或池塘底部打洞穴，不常出穴，因而冬季不易钓到。鲶鱼由于长期生活在坑

塘、地下涵洞的阴暗处及水底岩洞或沙砾中，所以视力已经退化，眼睛很小，喜暗畏光，但它的听觉和触觉都比较发达，一旦食物进入捕捉范围，就会突然窜出捕食，十拿九稳。较大的鲶鱼有三对胡须，最大的一对胡须像长鞭一样，可长达6厘米以上，其长须的尖端有极其灵敏的触觉神经组织，用来试探周围环境和搜寻食物。

◆ 钓鲶鱼的钓具选用

钓鲶鱼可以用手竿，也可以用海竿，不论用哪种钓竿，都必须是竿体结实、竿尖坚固而有韧性的。鲶鱼的嘴既宽又大，唇吻较厚，吞噬食物时极为凶猛，往往游过来就张大嘴，一口把钓饵连线一起吞进腹内，因此，钓上岸后，很不容易把钩摘下来，需要选择钩门宽的大型鱼钩，如HHH鲤鱼钩18～19号、鹤嘴形112～114号钓钩、无锡生产的大号丸型钩或环柄的2号、3号钩。钓线需较粗些的，如4～6号尼龙线。线的长度在钓竿的长度上再加50厘米就行。

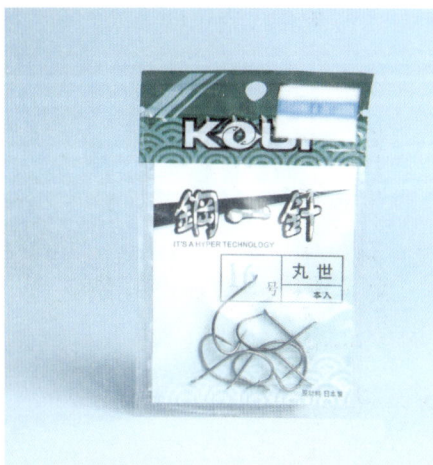

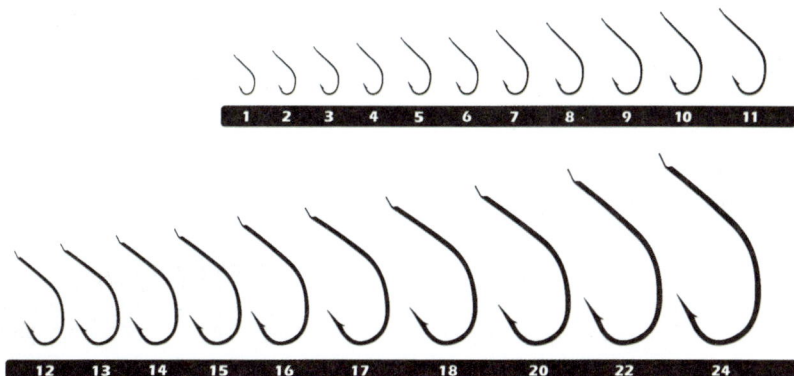

| 1 | 2 | 3 | 4 | 5 | 6 | 7 | 8 | 9 | 10 | 11 |

| 12 | 13 | 14 | 15 | 16 | 17 | 18 | 20 | 22 | 24 |

❖ 钓鲶鱼的用饵技巧

◑ 钓鲶鱼的诱饵

鲶鱼是典型的肉食性鱼类，吃荤不吃素，因此，鱼饵也应是动物性饵料。鲶鱼尤喜腥味，可将各种动物内脏、动物骨头等用纱布包裹，扔于钓点；也可用炒香的粮食类饵料做诱饵，将它撒于水面，小鱼、小虾闻味前来抢食，因为它们都是鲶鱼的好食物，也就起到了间接诱捕鲶鱼的作用。

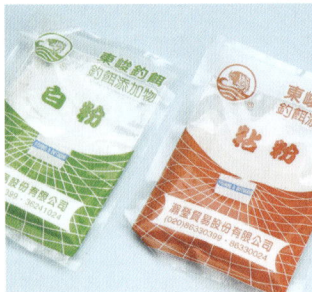

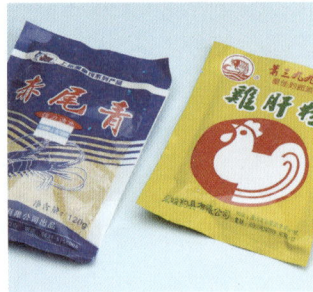

◑ 钓鲶鱼的钓饵

鲶鱼属于肉食性鱼类，因而需用动物性饵料，如小鱼、小虾、小泥鳅、红蚯蚓、大青蚯蚓、猪肉、牛肉、羊肉、小青蛙，还有蚱蜢、螳螂、蝼蛄、蜻蜓、树虫、草虫、飞蛾等。上述鱼虾及昆虫最好都是活的，活物作为钓饵，对鲶鱼的引诱力更大。其中活泥鳅是最好的钓饵，因它不易死，且能钻洞，而鲶鱼又爱吃。

❖ 钓鲶鱼的钓点选择

◑ 坑塘、湖泊底层或水域边沿石缝中

鲶鱼属于底栖鱼类，平时大多栖息在坑塘、湖泊的底层或各种水域边沿的石缝、岩洞或水下树桩的洞穴中。因为它害怕强光，白天基本上都停留在洞穴中，这些地方没有光亮，一片漆黑，很安静，没有什么声响干扰，因此很适合鲶鱼。而且，石缝或岩洞中常常生活着泥鳅和小鱼、小虾等水生动物，

这些都是它的主要食物。

干净的水中通道

鲶鱼一般在夜间出来活动和觅食，游动时有自己喜欢的通道，要求通道内比较干净，没有杂草和其他障碍物。垂钓者在夜间垂钓时，如在比较干净的通道上放钩，上钩率比较高。岸边水草区、牲畜圈旁水域、生活污水流入处等水域饵料丰富，均可选做钓点。

小溪流或小水渠的流水缓冲地带

鲶鱼喜欢在有缓缓流水的水域中逆水向上游，所以垂钓者宜在小溪流或小水渠的流水缓冲地带下钩。当它逆水上游感觉疲倦乏力的时候，会到这些缓冲地带休息，这时将钓钩放下，它很可能会冲上来猛然吞钩。

溪涧、河道的最狭窄处

在小溪涧、小河道上钓鲶鱼，钓点应选在溪涧、河道的最狭窄处，因为在水面宽阔的地方，放下钓饵后，不容易被鲶鱼发现，上钩的可能性比较小；而最狭窄处是鲶鱼夜间出来觅食时的必经之路，钓饵必然会被发现，引它吞钩的可能性就大得多。

钓鲶鱼的几种方法

用小鱼做诱饵钓鲶鱼

鲶鱼一般个体不大，可用5～6米的玻璃钢钓竿，钓线直径以0.35～0.4毫米为宜。若在江河中垂钓鲶鱼，钓线可稍粗些，钓钩用中号、大号，浮漂可用立式长浮漂，坠子需稍重些。垂钓时，先将诱饵投于钓点处，因鲶鱼视力差，饵钩入水后应随时提动。鲶鱼贪食，口又大，见食物出现，便会猛扑上前将饵钩咬住，这时浮漂会很快出现黑漂，应及时提竿。

鲶鱼上钩后会猛烈挣扎，但它的蹿跳力远比鲤鱼、草鱼差，并不难制服。

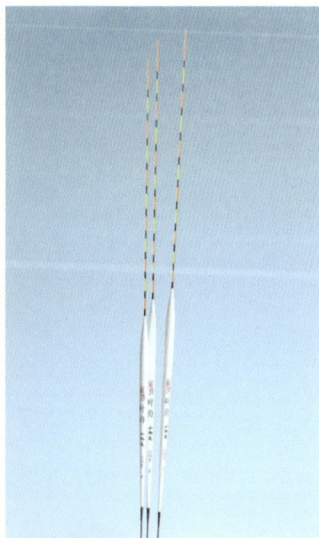

用引小鱼做诱饵法钓鲶鱼时，先用曲酒浸泡米粒半天至一天，捞出后晾干。将一把曲酒浸泡过的米撒入水草丛生水域做窝，不久便可引来许多小鱼进窝摄食，此时也会引来大鲶鱼吞食这些小鱼。垂钓者不失时机地将饵钩垂下悬在窝旁，并经常抖动饵钩，即可诱大鲶鱼吞钩。

用浅滩钓钓鲶鱼

阴雨天，浅滩上一般都会涨水，此时也是垂钓鲶鱼的好时机。用硬竹梢制成短硬的钓竿，安上粗线、大钩，不用浮漂，也不用铅坠。钩上装上树虫为饵，钩从其尾部刺进，由头部露出钩尖，放入水中任其漂浮晃荡，垂钓者将钓竿微微抖动，使树虫在水中犹如活饵，鲶鱼见后便会冲上前去大口吞饵，此时立即提竿上岸，必有收获。

用插竿钓法钓鲶鱼

夜晚是鲶鱼觅食的时候，也是垂钓鲶鱼的好时间，夜钓鲶鱼最简单易行的方法就是插竿钓。在有洞穴或水草的岸边，用10来根手指粗、1.5米长的钓竿，每根钓竿系上1米以上的钓线，线端系上大歪钩，钩上安装鲜活的小青蛙或小鱼，不用铅坠也不用浮漂，让饵和钩悬漂在水面上。将10来根钓竿一起插在岸边的泥土里，发现有鱼过来就起钩。由于鲶鱼夜间大多会靠近岸边觅食，见到这样的美食就会大口吞下。鲶鱼吞食很猛，一旦吞饵就会被钩牢。

怎样用无漂排钓法钓鲶鱼

在春、秋两季，天气较凉，鲶鱼不肯到水体上层活动时，可用5～6根钓竿，竿上不用浮漂，将小鱼、大虾、小泥鳅、大蚯蚓、青蛙、螳螂等各种活饵各装在一个钩上投入水底。每个竿尖上系一个小铃铛，岸边放一个木架，将5～6根钓竿插在木架上排开。垂钓者只需守在木架旁边，哪个铃铛响起，就把哪根钓竿提起，把鱼拉上岸来即可。

怎样利用陡岸无漂坠钓法钓鲶鱼

要钓江河河岸陡峭深水水域中的鲶鱼，可用一根独节的粗钓竿，竿长6～7米，系上较粗的锦纶线，线的长度要比钓竿长3～4米。在钓竿的根部绑上几个小铁环，线从几个铁环眼中穿过，一头扎牢在竿的根部，另一头穿过竿尖上的小铁环，拴上两个大歪钩，不需要浮漂也不需要铅坠。钓饵可用田鼠，将两个方向相反的钩刺入鼠的颈后和臀部制成。

垂钓者坐在岸上，双手握牢钓竿，让鼠悬空接近水面，但不放入水中，保持离水面半厘米左右的位置。鼠是活的，此时它四足乱蹬，当大鲶鱼发现这里有美食之后，便会浮上水面，接近钓饵，先是用胡须试探性地碰一下，停一会儿又用尾巴把饵拨动几下，然后就回过头来，一口将饵钩吞下，拖着钓线逃跑。垂钓者此时立即用力提竿上岸，便可获取一条大鲶鱼。

黄颡鱼的习性及钓法

黄颡鱼又称黄颊鱼、颡刺鱼、黄刺等

黄颡鱼的生活习性

　　黄颡鱼为底层小型鱼类，大多生活在静水或江河湖泊的缓流中，对环境适应能力较强，觅食活动大多在夜间进行；食性广，主要摄食小鱼、浮游生物、水生昆虫的幼虫和螺蛳等，有时也吃植物性食物。黄颡鱼的背鳍、两旁的胸鳍，就像三支利剑一般，形成一个三角形的鳍棘。硬棘与外包皮膜的毒腺组成毒器，若人被毒器刺伤，会产生剧烈的灼痛感。它的鳍在游泳摆动时还会发出"吱安"的声音。由于它全身以黄色为主色，棘刺像是牛角，又会发出"吱安"的叫声，与黄牛相似，所以许多地方的老百姓称它为"黄牛角"。该鱼虽属小型鱼类，但在淮河下游生活的一

种"淮颡"，最大的可达3000～4000克，而小河、池塘中的黄颡，一般个体很少超过500克。它全身无鳞，皮肤浅黄色，兼有一些黑色隐斑，布满黏液，其口腔扁平，具有细牙，嘴旁有4对胡须，其中1对较长；它视力弱，但嗅觉、听觉、触觉较灵敏，有四处觅食的习惯。

黄颡鱼对环境的适应能力较强，能耐低温，耐低氧，耐污染，对水温适应性强，因此，分布很广，中国各水域均有出产，产量高，繁殖迅速，肉质细嫩，是常见的优质小型鱼。

因黄颡鱼冬季大多生活在深水中，故钓季自春末至秋季，以夏季为最佳。钓黄颡鱼以自然水体为主，池塘中的黄颡鱼大多是注水时随外水进入的，因水质关系，池塘中的黄颡鱼大多呈青绿色。该鱼春季群游到港口产卵，尤其喜爱沿河岸边逆流行进，由雄鱼护巢。黄颡鱼除护巢期不摄食外，其他时间极其贪食，故容易上钩。

🔹 钓黄颡鱼使用的钓具

垂钓黄颡鱼，一般都用普通溪流竿或鲫鱼竿。竿长4～4.5米，竿体要轻，弹性要好。钓线可选用0.8～1号尼龙线，线长宜与竿长差不多。钓钩可选用短柄型、宽钩门一类的小型鱼钩，如丸形920～921号或HHH鲤鱼钩8～10号。脑线必须要选用软的，长度为3～5厘米。漂和坠的配比应为1∶1，因为用这样的配比，反应比较灵敏。在垂钓时，人们常用双钩，一上一下分别垂挂荤饵和素饵。

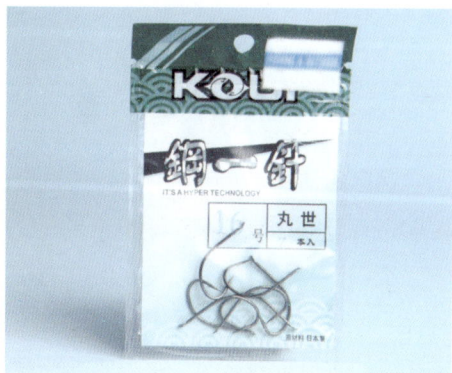

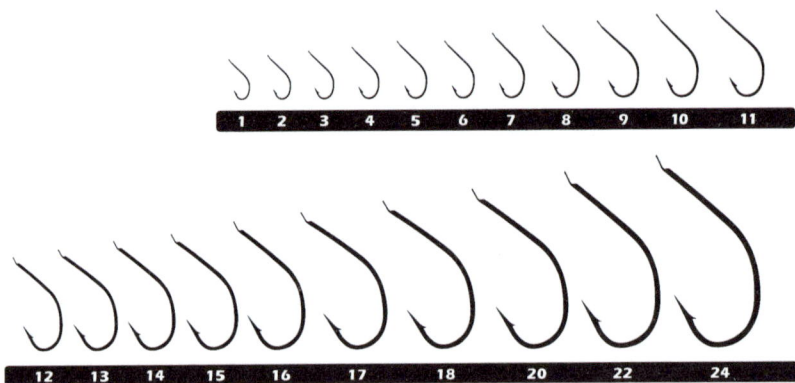

钓黄颡鱼的用饵技巧

钓黄颡鱼的诱饵

　　黄颡鱼属肉食性鱼类，其食性与鲶鱼相似，故诱饵也与鲶鱼相类似。

钓黄颡鱼的钓饵

　　黄颡鱼食性很广，不论荤食、素食它都爱吃。用动物性饵料，以蚯蚓、小虾为佳。用小虾做钓饵时，应掐去其头部，从尾部进钩，大的可切段装钩。素饵可用馒头、小饭团、年糕等做成。

钓黄颡鱼的钓点选择

　　黄颡鱼怕强光，因此，钓点应选在光线较弱、利于隐蔽之处。

靠近岸边的缓水区和有洄水的地方

　　在溪涧、江河等有活水流动的水域，要选靠近岸边的缓水区和有洄水的地方为钓点。此外，在堤坝或河边凸出部位的两侧，以及有微小水流进入的进水口附近水域和岸边水草较多之处，都可作为钓点。

⊙岸边有树木或水中有水草等可以遮光的地方

在春初和秋末水温较低的时节，可在水体较深的湖泊或水库边缘找钓点；在夏季和初秋水温较高的时节，应在小河小溪的浅滩边和小型池塘边沿的浅水区下钩。尤其是岸边有树木或水中有水草等可以遮光，水底的腐殖质和淤泥较深厚的水域，以及水底有较多深洼坎、乱石成堆的地方都是好钓点。

◈ 钓黄颡鱼的几种方法

⊙用手竿底钩钓法钓黄颡鱼

春末至秋天是钓黄颡鱼的好时间，而以夏天垂钓最为适合。因黄颡鱼怕光，喜夜间摄食，故钓这种鱼在晚上效果更好。垂钓黄颡鱼，钓前需打窝子，由于黄颡鱼

鱼体较小，若在没有什么水草和障碍物的水体中垂钓，不妨使用双钩，这样可以增加上钩率，但在水草和障碍物较多的水域只能用单钩钓。若用双钩钓，可用一个钩装荤饵，另一个钩装素饵。黄颡鱼摄食时，浮漂的反应是上下抖动，随即沉没，有时是边抖动，边横向移位。黄颡鱼游动速度不快，咬钩时也是不急不慢的，但它对于食物不会轻易放弃，因此，垂钓者不要心急，而应该耐着性子等待浮漂显示出更大的反应。黄颡鱼咬钩后一般不会再吐出，可以等到它将饵钩完全吞进后，再起钩也不迟。

⊙用海竿串钩钓法钓黄颡鱼

在多年未抽干捕捞过的水塘中，黄颡鱼较多，如果塘较大的话，用海竿串钩钓法垂钓效果比较好。海竿可用轻便竿，小绕线轮，坠重30～40克，钓饵可用较大的红蚯蚓整条挂钩，或用大绿蚯蚓分段挂钩。在挂好钓饵、甩饵钩入水后应绷紧钓线，挂上小铃，就可静候黄颡鱼咬钩了。黄颡鱼贪吃，嘴又大，咬钩很猛，一旦咬钩就很难脱钩，听到铃响提竿，十拿九稳。

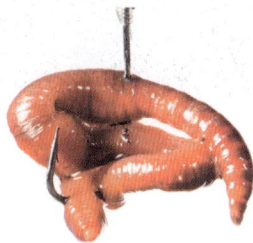

淡水白鲳的习性及钓法 | 淡水白鲳又称短盖巨脂鲤

🔷 淡水白鲳的生活习性

　　淡水白鲳又称短盖巨脂鲤，原产于南美洲的亚马孙河流域，是美洲国家的主要经济鱼类。该鱼体形椭圆，体侧扁、头部小，头长和头高相等，背部较厚，口中位，吻部钝圆，无须，上下颌各有两行呈指状的牙齿，尾分叉，身体密被小型圆鳞，除鳃下腹部胸鳍附近有部分鹅黄色及鳞片稍大些外，其外形几乎与海水白鲳鱼很难区别。由于其体色鲜艳美观，也被人们作为观赏鱼饲养。

　　淡水白鲳食性杂、生长快、个体大、疾病少，肉质肥嫩鲜美，营养丰富。

　　该鱼性情温和，适应性强，能耐低氧，食性很广，荤食素食都吃。动物性食物，如蚯蚓、地蚕、菜虫、毛虫、蚱蜢、蝗虫、蟋蟀及各种小昆虫，它都爱摄食；植物性食物，如玉米、豆饼、水果、麦面、麦麸及各种蔬菜它也见了就吃。此外，它还吃猪、羊、牛、鸡、鸭的肉及内脏。它吃饵凶狠，硬腭上长有一排锯条般坚硬锋利的牙齿，常常能咬断钩和线。

　　淡水白鲳喜欢生活在水体的中下层，常群居群游，能和同类鱼以及其他鱼类和睦相处。该鱼由于原生于热带和亚热带，因此，喜温热而不耐寒冷，它的最佳生长温度为25～28℃，若水温低至14℃时，它就不能正常生活，到13℃时，它已很难忍受而侧卧在水底。由于这种鱼不耐低温，越冬很困难，因此，在中国北部寒冷的省份很难大量养殖。

◆ 钓淡水白鲳的钓具选用

　　钓淡水白鲳，应根据这种鱼的特性，采用合适的钓具。

　　钓竿宜选用4.5～5米长的中硬调钓竿，因为钓这种鱼的钓竿要有较好的弹性，因而用中硬调钓竿比较合适。

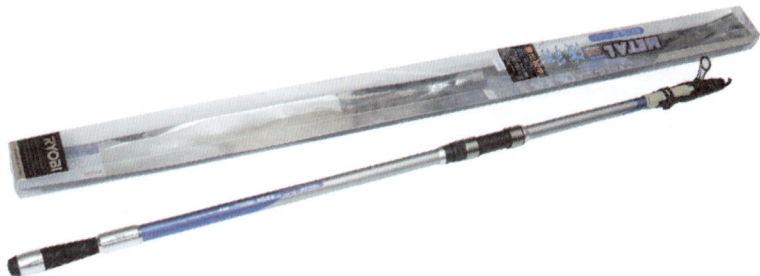

　　钓线宜选用较粗些的3～3.5号的尼龙线，脚线宜采用细钢丝线或多股锦纶线，由于淡水白鲳有很锋利的牙齿，所以不能用透明的尼龙线，否则鱼上钩后，会咬断尼龙线而逃跑，笔者曾钓上一尾嘴上有6个钩的淡水白鲳鱼。

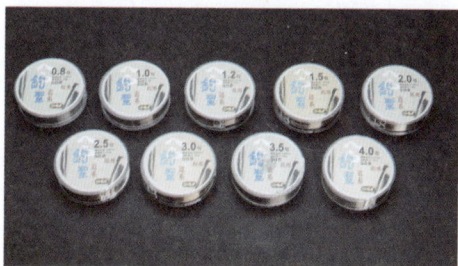

钓钩应选钢条粗而钩尖锋利的中号钩。

浮漂应选用信号感觉比较明显的立漂，木质和塑料的都可以。

铅坠宜轻不宜重，饵钩在水中应有些漂移的动感，才能使淡水白鲳较容易发现。

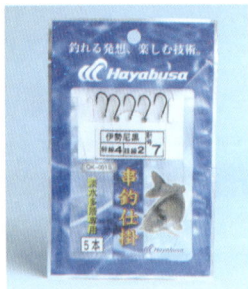

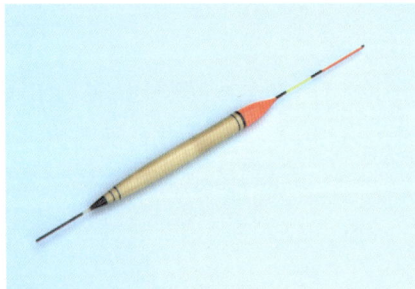

钓淡水白鲳的用饵技巧

淡水白鲳是一种杂食性鱼类，对食物不太挑剔，不论动物性、植物性饵料都爱吃，但若能用带浓郁香气或强烈腥气的饵料做钓饵，则对淡白鲳更具吸引力。如果用活蚯蚓做饵，蚯蚓在水中不停地蠕动着，上钩率将会更高。

钓淡水白鲳的几种方法

● 用手竿钓淡水白鲳

淡水白鲳是一种养殖性鱼类，自然水域中很少见，一般在鱼塘中打上两个用豆饼或酒浸碎米窝轮流垂钓即可。垂钓中要求尽可能用长的中硬调竿，钓钩宜用钢条粗的中号钩，要用多股的锦纶线，线要用细钢丝，拴上、下双钩，两钩的距离约10厘米，两个钩上，一个装素饵，另一个装荤饵。垂钓时饵钩尽量不要贴底，离水底大概50厘米。淡水白鲳上钩在浮漂上的反映是突然下沉或快速横移，此时要果断提竿，提竿用力要大，否则钓钩难以刺深鱼嘴。

● 用海竿钓淡水白鲳

一般采用2.5～3米长的海竿，竿梢要硬。钓钩可去专营商店购买淡水白鲳专用串钩，串钩由5枚钩组成，其钩线为细钢丝，不会被鱼咬断。一般用50克的坠，采用钩下坠的组合形式。钓饵最好用鱼肉或动物内脏。钩组抛入水后，用竿架尽量将钓竿支高，这样可使钓钩离水面近些，这样除了最下面的钩上鱼的概率较低外，其他4枚钩都能频频上鱼。另外，有人采用活坠大漂的抛坠钓法，效果也很好。但不管采用什么钓法，钓取淡水白鲳的重点是钓线，除了采用市售的专用钓线外，锦纶线也不易被咬断，有的垂钓者在紧挨钓钩的钓线上，套上一段3～4厘米长的自行车气门芯管，也能起到很好的保护作用。

教你一招：钓淡水白鲳的窍门

1. 钓竿要尽可能用长的中硬竿，不仅要强度好，还要有弹性。

2. 钓线不仅要粗壮，而且最好要用多股的锦纶线，脚线要用细钢丝，切不可用尼龙线。

3. 钓钩宜用钢条粗的中号钩。钓饵虽然可用各种动物性、植物性饵料（其他鱼爱吃的它都爱吃），但以带浓香和腥味的饵料或活的蚯蚓最为理想。

4. 钓线下最好拴上、下双钩，两钩的距离约10厘米，两个钩上一个装素饵，另一个装荤饵。

5. 打窝用的诱饵可用麦麸和米混合后加点儿水，做成小颗粒炒香后备用，窝点宜打3～4处。

6. 淡水白鲳生性胆小，警觉性高，垂钓者在整个垂钓过程中都应轻手轻脚，轻抛轻钓，稍有惊动，它就会避而远之。

7. 钓点要多更换，钓到一条鱼后就应换个钓点，较长时间钓不到鱼，也应换个钓点，钓前打的3～4个窝，就是为此准备的。

8. 铅坠宜用轻些的，不要让铅坠把钓钩固定在水下不动，而应让它半悬浮着，这样较能引起淡水白鲳的注意，引诱它来咬钩。

9. 钓竿等钓具可备两套，在岸上设个钓竿架，将钓竿架在上面，这样可轮流使用。将钓饵抛至前方窝点的最远点，让它半悬浮着，若无鱼咬钩，则过些时间将钓钩移出窝点后起竿再远抛，若见到立漂快速斜移或出现黑漂，便可立即扬竿。

10. 在有3～4级的季风时垂钓，可将浮漂下移，使钓钩离水面近些，再将钓钩甩向上游的远处，让钓钩顺水顺风漂流，这样很能引起淡水白鲳的注意。

哲罗鱼的习性及钓法

哲罗鱼又称者罗鱼、
哲罗鲑、折罗鱼

🔶 哲罗鱼的生活习性

　　哲罗鱼属鲑科，主要生长在中国东北地区的河流和西北部的湖泊中，在俄罗斯西伯利亚各水系和中国牡丹江、嫩江流域较为常见。哲罗鱼体形修长，形如旧时织布的梭子，但身体侧扁。哲罗鱼属大型肉食性淡水鱼类，其个体大者，可长达2米，重达50千克。其身体背面棕褐色，体侧银白色，并有十字形黑斑，生殖期腹面和鳍会变为红色。哲罗鱼口大，牙尖锐，舌上也有牙，食量很大，性情活泼而凶猛，常以狗鱼、重唇、雅罗鱼等鱼为食，也很爱食蛙类，且常捕食靠岸边生活的陆栖鼠类。哲罗鱼属冷水性鱼类，必须在15℃以下才能正常生活。水温上升时，它就会游到山涧溪流中去避暑。春季，它会进入水流湍急、底层有较厚沙砾的河流中去挖掘水底洞穴，产卵孵卵；等秋天水温下降之后，它又回到河流深处越冬。

◆ 钓哲罗鱼的钓具选用

由于哲罗鱼是一种凶猛的鱼类，个体大、气力大，所以一定要用竿体很结实的鱼竿，可以用玻璃钢钓竿，或者用外通式手竿。若使用海竿，应配备较大型的鼓形绕线转轮，放线、收线比较迅速灵敏，以免弄得手忙脚乱。手竿上用的钓线可选用6～10号尼龙线，以粗些的为好；海竿上配备的钓线，宜用较细的优质尼龙线，储线应不少于120米。钓钩应选用钢丝粗壮、钩门较宽的钩，如HHH伊势尼钩10～12号或HHH 鲤鱼钩18～20号等。

◆ 钓哲罗鱼的用饵技巧

钓哲罗鱼的钓饵，可用白条鱼、泥鳅、麦穗鱼和蚯蚓等，也可以用仿各种鱼形或其他动物形状的假饵。究竟用什么饵好，应根据想要钓的鱼的大小而定：想钓大哲罗鱼可用白条鱼或大泥鳅等做的饵，想钓小哲罗鱼可用蚯蚓、虾等做钓饵。

钓鱼经验谈：什么季节垂钓哲罗鱼最佳

哲罗鱼的钓季比较短，只有2月上旬到5月中旬和10～11月份两个时间段。因哲罗鱼从越冬的深水水域向上游活动的时间是5月上旬，此时它会到适合产卵的水域去产卵孵卵，所以是垂钓的好时段。另外，在河川解冻、冰融雪化、水量增加的季节，以及有微风细雨、水面掀起微微小浪的天气，都是垂钓哲罗鱼的好时机。在秋季，当河里水温下降时，哲罗鱼就会顺流而下，回到下游觅食，此时它食欲旺盛，不论早、中、晚下钩，都比较容易钓到哲罗鱼。

钓哲罗鱼的几种方法

定点钓法钓哲罗鱼

定点钓法指的是以传统方法用手竿垂钓，事先选定钓点，钓饵入水之后，要不时地将鱼竿提起，再缓缓放下，如此反复不停，使饵物呈现一种活动着的假象，以引诱哲罗鱼前来摄食，且应尽可能用活饵，否则，不易引鱼上钩。

如果不易找到其他活饵，可用活鱼做饵。值得注意的是，哲罗鱼不仅个体大，而且凶猛力大，它摄食常常是在游动时，突然直扑上前大口吞饵，来势凶猛，接着拖了钩就跑，冲击力很大，垂钓者如果握竿不紧，竿会被拖走，难以取回。所以钓哲罗鱼时，需时刻注意紧握钓竿，不能分神。有鱼上钩之后，需凭握竿的手感估量一下鱼的大小，若是2000克左右的鱼（在哲罗鱼中属于个头小的），虽然仍然会左冲右突一番，但还可以用遛鱼的办法，将线时拉时放，拖到它筋疲力尽时，再用抄网将它提上岸来。

用海竿收线钓法钓哲罗鱼

从这个钓法的名称中就可明白，这是用坚固而长的海竿和牢固的长钓线进行甩钓。海竿的把手应装有较大的绕线轮，在中型或较大型的钓钩上装好鲜活的钓饵后，将其甩向预先看好的有大哲罗鱼活动的水域，然后慢慢地将绕线轮摇转一两下，停一

会儿又缓缓地再转一两下，如此转转停停，停停转转，待到饵钩快到岸边时，再重新将它甩向远处。重复以上操作，直至有鱼上钩。当然，仍无鱼上钩时，应提起钓钩检查一下，看钓饵是否脱落，活饵是否死掉。若有这些情况，就应该重新换上活饵，甩向目的区水域。必要时，还应考虑更换钓点，到别的水域去继续垂钓。

教你一招：垂钓大哲罗鱼的技巧

若了解到某水域有较大的哲罗鱼，而且想钓到它时，除了要准备坚固的鱼竿（指手竿）和较粗的钓线，以及钢丝较粗、门子较宽的钓钩外，还要在钓竿上装上绕线轮，储线要长些。钓饵应用大泥鳅或150克左右的活白鱼。当有5000克以上的大哲罗鱼上钩时，这就意味着一场激烈的"战斗"将要开始。这时垂钓者要沉着、冷静且有耐心，准备打持久战。因为这种凶猛力大的大鱼被钩住后，必然要做猛烈的挣扎，狂奔乱窜。

垂钓者对它的力量要有充分的估计和思想准备，因为稍不留神，就可能出现竿折、线断、钩豁或鱼嘴被拉裂等情况。甚至，垂钓者都可能被拉得跌跤。垂钓者特别要注意所站的位置，不可将人影映入水中，哲罗鱼看见水中的人影，会猛地扎入深水。要充分利用绕线轮的拉力和鱼竿的弹性进行拉锯式的角力，鱼拉得太紧就放松点儿线，鱼停止拖拉再慢慢地收线，必要时垂钓者还可随鱼逃跑的方向跟着移动，避免竿折、线断。

另外，要注意的是，要调整好钓钩与鱼逃窜方向的角度，既不能正对着鱼像拔河似的硬拉，也不能朝相反方向用劲，只能侧着鱼竿朝两旁顺着拉动，使鱼竿始终保持弯曲的大弧度，充分发挥其弹性作用。拉拉扯扯、收线放线的操作有时可能要进行一个小时，甚至更长的时间，直至鱼十分疲乏时，将它拖到岸边。在准备垂钓较大的哲罗鱼前，还要先置备好一把长柄、有两个锋利钩尖的搭钩，在把大鱼拖到离岸不太远时用搭钩钩进鱼的身体，将它硬拖上岸。

马口鱼的习性及钓法

马口鱼又称大刀兰鱼、花手巾等

🔷 马口鱼的生活习性

　　马口鱼头尖而口大，鱼身呈银白色，背部呈灰黑色，鱼体不大，一般长度只有20厘米左右。马口鱼对水温有较大的适应性，在全国广泛分布。马口鱼是凶猛的肉食性鱼类，主要摄食其他小型鱼类和水生昆虫，在水库和湖泊中则会吞食饲养的鱼苗，对养鱼业有较大的危害。有些湖泊、池塘中年年投放饲养的种鱼见不到收获，就是被该鱼吞食所致。马口鱼最喜欢在山涧溪流中觅食小鱼、小虾及其幼苗。江河、湖泊、水库、山涧溪流是它栖息的水域，从初夏至秋末的几个月中，尤其是在晴朗无风的日子，常可见到成群结队的马口鱼在水体的上层游弋觅食。但它害怕风浪，若遇到有风浪的日子，它就躲进水底不出来。当马口鱼的生殖季节到来的时候，雄鱼会显出十分艳丽的"婚姻色"，以招引雌鱼。该鱼的性成熟期较短，1龄鱼即能达到性成熟期，每年的夏季末至秋季是该鱼的产卵期。

◆ 钓马口鱼的钓具选用

马口鱼是小型鱼，所用的手竿不必过长，不论用硬体竿或软体竿，竿的长度只需3~4米就行，这对钓一般只有50~150克体重的马口鱼是比较合适的。钓线也宜用比较细的，直径0.2~0.25毫米的尼龙线就够了。钓线的长度可与竿的长度相同，或长于钓竿1米左右。钓钩可用普通的中小型钩，如无锡生产的袖形318~319号或丸袖形717~718号，也可以用日本产的鲤鱼钩10~11号或伊势尼钩4~5号。铅坠也只用轻而小的。用这种细竿、细线和小型的钩、坠，携带起来比较方便，操作起来也很敏捷。浮漂可用软木塞子自制，以小圆球形和长圆筒形最适宜。用软木塞做浮漂，垂钓时无论是浮钓、底钓都比较方便。若进行浮钓，需将铅坠换小，使饵钩和铅坠的重量不超过浮漂的浮力。否则，钓饵和钓钩就不会浮于水面或水体上层。

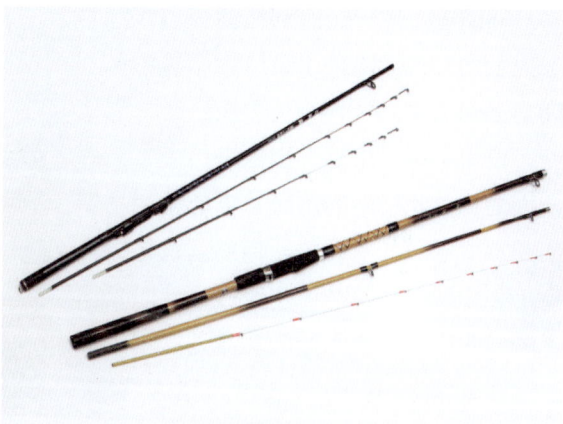

◆ 钓马口鱼的用饵技巧

垂钓马口鱼的钓饵，可使用蚯蚓、蛆虫、苍蝇、螳螂、蝼蛄、蝗虫、青虫、蜻蜓等；用小麦穗鱼、小虾、小泥鳅和小鲦鱼做钓饵，引诱马口鱼吞食的效果也很不错。

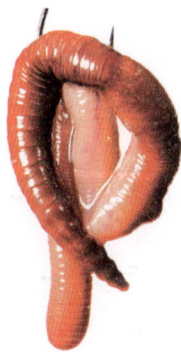

🔖 钓马口鱼的钓点选择

马口鱼大部分时间都栖留在水体的中层或上层。它们常在水草丛中穿梭游弋，捕食各种生长在水中的昆虫及其幼虫或卵，兼食小鱼、小虾。垂钓马口鱼，首先要摸清它喜欢栖息的水域。它常常栖息于山涧水流清澈的水体中，特别喜欢栖息在有水草和沙砾积聚的浅水区域水底以及河道的落水处、主流水道的弯流处。垂钓时在这样一些地方设钓点，效果不错。

🔖 钓马口鱼的几种方法

🔘 用逆水投饵钓法钓马口鱼

垂钓开始时，在手竿的钓钩上挂上荤饵，将钓钩和钓饵向逆水方向甩出，让浮漂落水后，带着钓组半浮在水中，并随着水流漂流而下。垂钓者手持钓竿，眼睛随着浮漂移动，直到浮漂漂流到下游较远处不能再向前漂时，把钓组回收起来，重新向逆水方向甩出。整个操作就是甩出、回收，再甩出、再回收。在钓组随水漂流的过程中，一旦被马口鱼发现，它就会迅速地游过来，凶猛地吞食饵钩。垂钓者自始至终都要专心地注视着浮漂的反应，待发现浮漂沉没时就立即提竿，将鱼提出水面。

抖动浮钓法钓马口鱼

这种钓法所用的钓具和前一种相同，不同的是垂钓的水域不是在有流水的溪流中，而是在静水的湖泊或池塘中。在将钓组甩出后，仍让浮漂带着钓组半浮在水面上。垂钓者此时应将持着的手竿不断地微微抖动，使钓饵在水中不停地抖动，像是鲜活的饵料，这样不但容易让马口鱼发现钓饵，而且能激起马口鱼的食欲，引它凶猛地直扑过来咬吞饵钩而被钩住。如果经过一段时间仍未见有鱼上钩时，就收回钓组，换个钓点重新将钓组甩出，如上法继续进行，不要久守在一处垂钓，因为此时这个水域可能没有鱼。

用浅水投钓法钓马口鱼

这种钓法适宜在溪涧中清澈的浅水滩或水底铺满石块有缓缓水流的小溪中使用。在这些水域常常可见到成群结队的马口鱼在巡游觅食，此时垂钓者应注意隐蔽自己，悄悄接近水域，挂好钓饵，轻手轻脚地把钓饵放在离鱼群前行方向1米左右的水域中。待鱼群游至钓饵处，发现有可口的食物后就会争抢上去吞食而被钓到。垂钓马口鱼有两点值得垂钓者注意：一是尽量选择在天气晴好、无雨无风时进行；二是马口鱼的听觉、视觉比较灵敏，垂钓者接近钓点时不能发出响声，也不能多做动作，特别是在清澈的水域中，鱼又在水的上层，很容易听见岸上发出的声音和看见岸上的动静。尤其要注意的是，垂钓者切不可穿着颜色鲜艳的服装，服装的颜色尽可能和周围环境相匹配。